기뻐하고
또한 기뻐하리라

정은주 목사 **빌립보서 강해집**

가스펠 북스

　빌립보서는 사도 바울이 빌립보교회에 보낸 편지입니다. 이 빌립보교회는 사도 바울의 2차 전도여행 때 세워진 교회로 알려져 있습니다. 사도행전 16장을 보면 빌립보교회가 세워진 배경에 대한 이야기가 나옵니다. 바울은 2차 전도여행 당시 소아시아에 대한 선교 계획을 가지고 있었습니다. 그런데 성령께서 그의 발걸음을 돌이켜 마게도냐로 인도하셨습니다. 이 마게도냐 지방의 첫 성이 바로 빌립보입니다. 바울은 여기에서 예비되어 있던 여성 산업인 제자 루디아를 만나게 되는데 이것이 바로 빌립보교회가 세워지는 출발점이 되었습니다.

　이 빌립보서를 기록할 당시 바울은 로마 감옥에 갇혀있는 상태였습니다. 하지만 그는 자신이 그런 환경을 뛰어넘어 복음이 주는 기쁨을 충만히 체험하고 있다는 사실을 강조했습니다. 빌립보서에는 이런 사도 바울의 기쁨이 반복적으로 표현되어 있는 까닭에 '기쁨의 서신' 혹은 '희락의 복음'이라는 별칭이 붙어있기도 합니다.

바울은 빌립보서를 통해 어떤 상황에 처하더라도 복음이 주는 참 기쁨을 빼앗기지 않고 누리는 삶을 살아야 한다는 사실을 강조했습니다. 이는 그리스도인으로서의 영적 정체성을 분명히 가지고 있어야 한다는 것을 말합니다. 우리가 신앙생활을 하면서 붙잡고 있어야 할 가장 중요한 것이 바로 이 그리스도인으로서의 영적 정체성입니다. 그래야만 그리스도 예수 안에 있는 풍성한 기쁨을 맛보며 신앙생활을 할 수 있게 됩니다. 이 책을 읽는 모든 독자 여러분이 그리스도인으로서의 영적 정체성을 분명히 붙잡고 복음이 주는 참 기쁨, 참 감사, 참 행복을 사실적으로 누리게 되시기를 예수 그리스도의 이름으로 축복합니다.

2023년 10월 예원교회 담임목사

기뻐하고
또한 기뻐하리라

01

기쁨으로 감당하는
주의 일!

¹그리스도 예수의 종 바울과 디모데는 그리스도 예수 안에서 빌립보에 사는 모든 성도와 또한 감독들과 집사들에게 편지하노니 ²하나님 우리 아버지와 주 예수 그리스도로부터 은혜와 평강이 너희에게 있을지어다 ³내가 너희를 생각할 때마다 나의 하나님께 감사하며 ⁴간구할 때마다 너희 무리를 위하여 기쁨으로 항상 간구함은 ⁵너희가 첫날부터 이제까지 복음을 위한 일에 참여하고 있기 때문이라 ⁶너희 안에서 착한 일을 시작하신 이가 그리스도 예수의 날까지 이루실 줄을 우리는 확신하노라 ⁷내가 너희 무리를 위하여 이와 같이 생각하는 것이 마땅하니 이는 너희가 내 마음에 있음이며 나의 매임과 복음을 변명함과 확정함에 너희가 다 나와 함께 은혜에 참여한 자가 됨이라 ⁸내가 예수 그리스도의 심장으로 너희 무리를 얼마나 사모하는지 하나님이 내 증인이시니라 ⁹내가 기도하노라 너희 사랑을 지식과 모든 총명으로 점점 더 풍성하게 하사 ¹⁰너희로 지극히 선한 것을 분별하며 또 진실하여 허물 없이 그리스도의 날까지 이르고 ¹¹예수 그리스도로 말미암아 의의 열매가 가득하여 하나님의 영광과 찬송이 되기를 원하노라 _빌립보서 1:1~11

복음을 위한 일에 참여한 기쁨

> 그리스도 예수의 종 바울과 디모데는 그리스도 예수 안에서
> 빌립보에 사는 모든 성도와 또한 감독들과 집사들에게 편지
> 하노니 하나님 우리 아버지와 주 예수 그리스도로부터 은혜
> 와 평강이 너희에게 있을지어다 _빌립보서 1:1~2

 사도 바울이 쓴 서신서는 그 시작이 항상 인사말입니다. 그
런데 그것은 단순한 인사치레가 아닙니다. 거기에는 바울의
신앙 고백이 담겨있습니다. 이 인사말에서 바울이 강조하는
두 단어가 있는데 바로 '은혜와 평강'입니다. 예수 그리스도
를 통해 구원의 놀라운 축복을 받게 된 것은 하나님의 전적
인 은혜입니다. 그리고 이 절대 은혜가 임한 자의 삶 속에 나
타나는 증거가 바로 평강입니다. 이 평강은 우리가 그리스도
안에서 하나님 아버지와 화목의 관계를 이루게 되었다는 것
을 나타냅니다.

 우리는 창세기 3장 사건으로 인해 하나님을 떠난 본질상 진
노의 자녀였습니다. 열두 가지 영적 문제에 매여 고통 가운
데 살다가 영원한 멸망 길로 갈 수밖에 없는 운명이었습니
다. 그런데 이런 우리의 삶에 놀라운 반전이 일어나게 됩니

다. 예수 그리스도의 십자가 대속과 부활을 통해 모든 죄와 저주 문제가 깨끗하고 완벽하게 해결되었습니다. 그리고 이로 인해 하나님과의 화목 관계가 회복되는 재창조의 축복을 체험하게 된 것입니다. 그렇기 때문에 우리가 어떤 상황과 환경 속에서도 빼앗기지 않고 누려야 할 영적 축복이 바로 은혜와 평강입니다.

 이 서신서를 쓸 당시 사도 바울은 감옥에 갇혀 있었습니다. 하지만 이 축복을 사실적으로 누리고 있었습니다. 환경과 상황을 초월하는 영원의 응답을 체험하고 있었던 것입니다. 그렇기 때문에 빌립보교회 성도들에게도 어떤 상황과 환경 속에서도 이 축복을 빼앗기지 말고 누리는 삶을 살라는 말을 하였습니다.

> 내가 너희를 생각할 때마다 나의 하나님께 감사하며 간구할 때마다 너희 무리를 위하여 기쁨으로 항상 간구함은 너희가 첫날부터 이제까지 복음을 위한 일에 참여하고 있기 때문이라 _빌립보서 1:3~5

사도 바울은 빌립보교회의 성도들을 생각할 때마다 항상 하나님께 감사하며 기쁨의 간구를 한다고 언급합니다. 그러면서 그 까닭이 무엇보다 빌립보교회 성도들이 하나님의 최고 관심과 소원인 복음을 위한 일에 참여하고 있기 때문이라고 밝히고 있습니다. 이는 우리가 신앙생활, 특히 교회에서 직분을 맡아 일을 하면서 그 중심에 가지고 있어야 할 중요한 의식이기도 합니다. 자신이 지금 복음을 위한 일에 참여하였다는 영적 의식을 갖고 있어야 합니다. 그리고 그 일을 하면서 주님과 24시간 함께하는 기쁨을 체험하여야 합니다.

앞의 성경 말씀에 나오는 '참여하다'라는 단어는 헬라어로 '코이노니아'입니다. 이 단어는 '교제', '동역'이라는 의미를 가지고 있습니다. 바울은 빌립보교회 성도들이 자신의 사역에 동역하고 있기 때문에 기뻐한다고 말했습니다. 성경적이고 복음적인 기쁨은 바로 동역할 때 온다는 사실을 강조하고 있습니다. 신앙생활이란 이처럼 함께 원니스를 이뤄 주님을 섬기고, 주의 일을 감당할 때 오는 기쁨을 체험하는 것입니다.

다음 성경 말씀을 보면 사도 바울이 빌립보교회 성도들이 구체적으로 어떤 동역을 했는지에 대해 밝히고 있습니다.

내가 너희 무리를 위하여 이와 같이 생각하는 것이 마땅하
니 이는 너희가 내 마음에 있음이며 나의 매임과 복음을 변
명함과 확정함에 너희가 다 나와 함께 은혜에 참여한 자가
됨이라 _빌립보서 1:7

　빌립보교회 성도들은 복음을 변명함과 확정함에 사도 바울
과 함께했습니다. '복음을 변명한다'는 표현은 '복음을 변론
하여 증명한다'는 의미입니다. 하나님의 진리의 복음을 거짓
으로부터 변호하는 일에 빌립보교회 성도들이 동역하였고,
그 진리를 바르게 선포하고 가르치는 확정함의 일에도 그들
이 함께했던 것입니다.

　또 바울은 자신의 매임에도 빌립보교회 성도들이 동역했다
고 밝히고 있습니다. 그들은 감옥에 갇혀 있던 바울을 위해
중보기도를 했고, 바울이 복음을 증거하는 데 필요한 선교후
원금까지도 중심을 다해 감당하였습니다. 이들의 이러한 헌
신이 전도자 바울에게 큰 기쁨과 위로를 준 것입니다.

　지금의 시대를 일컬어 '각자도생(各自圖生)의 시대'라고 합
니다. 누구의 도움도 없이 제각기 살 길을 도모해야 하는 것
을 말합니다. 이런 표현 자체가 창세기 3장, 6장, 11장의 현

장을 정확히 보여주고 있습니다. 자기중심, 물질 중심, 세상 성공 중심으로만 살게 만들고 있습니다. 이러한 삶의 결말은 바벨탑입니다. 결국은 무너지고 마는 것입니다. 우리는 이런 세상 풍조와는 다른 삶을 살아야 합니다. 각자도생의 반대말은 '공존동생'(共存同生)'입니다. 함께 생존하고 같이 살아나 간다는 뜻입니다. 특히 주의 일을 감당할 때는 반드시 공존 동생을 해야 한다는 사실을 깨달으시기 바랍니다. 이 책을 읽는 독자 여러분 모두가 공존동생의 영적 자세를 가지고 함께 주의 일을 감당하며 함께 기뻐하는 성경적 동역자가 되시기를 바랍니다.

의의 열매를 가득하게 맺는 기쁨

내가 기도하노라 너희 사랑을 지식과 모든 총명으로 점점 더 풍성하게 하사 너희로 지극히 선한 것을 분별하며 또 진실하여 허물 없이 그리스도의 날까지 이르고 예수 그리스도로 말미암아 의의 열매가 가득하여 하나님의 영광과 찬송이 되기를 원하노라 _빌립보서 1:9~11

위의 성경 말씀에는 사도 바울이 빌립보교회 성도들을 위해 기쁨으로 간구하는 내용이 담겨 있습니다. 먼저 바울은 사랑이 지식과 총명으로 점점 더 풍성하게 되기를 기도하고 있습니다. 여기에서의 '사랑'은 하나님을 아는 영적 지식, 영적인 시각을 가진 사랑을 말합니다. 즉 자신의 생각과 기준이 아니라 복음적 관점, 생명을 살리는 관점에서 영혼을 사랑하는 것입니다. 바울은 이런 사랑이 시간이 흐를수록 더 풍성해지기를 간구했습니다.

다음으로 바울은 빌립보교회 성도들이 지극히 선한 것을 분별하는 능력을 가지도록 간구했습니다. 이는 하나님의 뜻과 계획이 무엇인지를 분별해서 그리스도의 날까지 일심, 전심, 지속하라는 것을 말합니다. 바울은 이에 대해 구체적으로 지극히 선한 것이란 예수 그리스도로 말미암아 의의 열매가 가득해 지는 것, 생명 살리는 의의 열매를 풍성히 맺는 삶을 사는 것이라고 밝히고 있습니다. 그래서 결국 하나님의 영광과 찬송이 되는 삶을 살게 되기를 간구하였습니다.

이런 사도 바울의 기도제목 하나하나를 보면 그가 얼마나 빌립보교회 성도들을 진심으로 사랑하고 있는지를 알 수 있습니다. 과거 드라마의 명대사 중 하나로 아직도 닭살커플들이 사용하는 말이 있습니다. 바로 "내 안에 너 있다."라는 대사인데 이는 사실 사도 바울이 원조입니다. 빌립보서 1장 7절에서 그는 "너희가 내 마음에 있음이며"라는 말로 빌립보 교회 성도들이 자신의 마음에 있다는 고백을 합니다. 단순히 생각하고 있다는 것이 아니라 마음속에 각인되어 있다는 것입니다. 이를 네 자로 줄이면 "사랑한다"가 됩니다. 실제로 사도 바울은 이어지는 8절에서 "예수 그리스도의 심장으로 너희 무리를 얼마나 사모하는지"라고 밝히고 있습니다. 이는 예수 그리스도의 심장을 가지고 너희를 가슴에 품고 사랑하며 기도하고 있다는 표현입니다.

 여러분 모두가 교회공동체 안에서 서로에게 이런 존재가 되어 주어야 할 것입니다. 서로의 영적 성장을 위해서 기도해 주고, 서로가 의의 열매를 풍성히 맺도록 기도해 주어야 합니다. 그럼으로써 모든 독자 여러분이 의의 열매를 가득하게 맺는 기쁨을 체험하게 되기를 바랍니다.

강단과 호흡하는 신앙생활

 재키 로빈슨이라는 유명한 미국 프로야구 선수가 있습니다. 그는 미국 메이저리그 최초의 흑인 선수였습니다. 지금은 흑인 프로선수들이 너무나 많지만, 1947년 전까지는 한 명도 없었습니다. 그런데 브루클린 다저스(현 LA 다저스)의 단장이었던 브랜치 리키가 재키 로빈슨의 실력을 보고는 그를 메이저리그에 데뷔시킨 것입니다. 브랜치 단장이 그를 데뷔시키기 전에 그에게 책 한 권을 주면서 읽어보라고 했는데, 그 책 제목이 「예수 그리스도의 생애」였습니다.

이 책을 주면서 그는 이렇게 권면했습니다.

"너는 이제부터 예수 그리스도의 생애처럼 살아야 한다. 앞으로 프로야구 선수가 되면 너를 향해 수많은 모멸과 조소가 쏟아질 것이다. 게임을 뛸 때마다 욕설을 들을 것이다. 이때 너는 결코 그것에 반응해서는 안 된다. 같이 욕해서도, 싸워서도 안 된다. 모든 흑인 선수들의 미래가 너의 행동에 달려 있다는 것을 반드시 명심해야 한다."

재키 로빈슨은 그 약속을 철저히 실천했고, 그를 통해 수많은 흑인 선수들이 미국 프로야구계에 데뷔하게 되었으며, 농구계와 미식축구계에도 길이 열렸습니다. 여러분도 교회 안에서 이런 영적 자세를 가지시기 바랍니다. 여러분이 어떻게 신앙생활을 하고, 교회 안에서 직분을 어떻게 감당하느냐에 따라 여러분 교회의 미래가 달라집니다. 여러분이 맡은 사명을 올바로 감당할 때 여러분의 자녀와 후대도 올바로 서게 되어 있습니다. 사도 바울은 빌립보서 1장 6절에서 "너희 안에서 착한 일을 시작하신 이가 그리스도 예수의 날까지 이루실 줄을 우리는 확신하노라"라고 말했습니다.

 하나님께서 여러분 안에 착한 일을 시작하셨습니다. 그 일을 이루시는 분도 성삼위 하나님이십니다. 우리는 그 영적 흐름을 따라가야 합니다. 그러기 위해서는 강단과 호흡하는 것이 중요합니다. 강단에서 선포되는 메시지와 소통하며 영적으로 하나를 이루시기 바랍니다. 이를 통해 모든 독자 여러분이 복음을 위한 일에 참여한 기쁨을 누리며 의의 열매를 가득하게 맺어가기를 예수 그리스도의 이름으로 축복합니다.

02

기뻐하고 기뻐하는
신앙생활!

¹²형제들아 내가 당한 일이 도리어 복음 전파에 진전이 된 줄을 너희가 알기를 원하노라 ¹³이러므로 나의 매임이 그리스도 안에서 모든 시위대 안과 그 밖의 모든 사람에게 나타났으니 ¹⁴형제 중 다수가 나의 매임으로 말미암아 주 안에서 신뢰함으로 겁 없이 하나님의 말씀을 더욱 담대히 전하게 되었느니라 ¹⁵어떤 이들은 투기와 분쟁으로, 어떤 이들은 착한 뜻으로 그리스도를 전파하나니 ¹⁶이들은 내가 복음을 변증하기 위하여 세우심을 받은 줄 알고 사랑으로 하나 ¹⁷그들은 나의 매임에 괴로움을 더하게 할 줄로 생각하여 순수하지 못하게 다툼으로 그리스도를 전파하느니라 ¹⁸그러면 무엇이냐 겉치레로 하나 참으로 하나 무슨 방도로 하든지 전파되는 것은 그리스도니 이로써 나는 기뻐하고 또한 기뻐하리라 _빌립보서 1:12~18

모든 것을 초월하는 기쁨

사도 바울이 쓴 이 빌립보서는 기쁨을 강조하는 '기쁨의 서신'입니다. 기쁨에 대한 언급이 무척 많이 나오고 있습니다. 그런데 인간적인 눈으로 봤을 때 사도 바울에게는 기뻐할 환경이 전혀 없었습니다. 빌립보서는 사도 바울이 로마 감옥에서 쓴 서신서입니다. 차디찬 로마 감옥에서 그것도 쇠사슬에 매인 상태로 언제 로마 황제의 사형 명령이 떨어질지 모르는 하루하루 죽을 날을 기다리는 상황이었습니다. 기쁨을 주는 환경이 결코 아니었습니다. 그럼에도 불구하고 사도 바울은 이러한 환경과는 상관없이 기뻐하고 기뻐했습니다. 사도 바울의 기쁨은 상황과 환경을 뛰어넘는 기쁨이었습니다.

선택받은 하나님의 자녀는 기뻐하고 기뻐하는 삶을 살아야 합니다. 우리는 창세기 3장 사건의 영향으로 하나님과 단절되었던 상태에서 열두 가지 영적 문제로 고통을 당하다가 영원한 멸망 길로 갈 수밖에 없는 운명에 빠져 있었습니다. 그런데 예수 그리스도의 성육신, 십자가 대속과 부활을 통해 하나님과 화목 관계가 회복되고 그 증거로 평화, 평안의 삶을 살 수 있게 되었습니다. 예수 그리스도를 통해 주어진 평

화와 평안은 영원한 것입니다. 그러니 우리는 예수 그리스
도로 인해 기뻐하고 기뻐하는 삶을 살 수 있는 것입니다. 여
러분이 지금 어떠한 환경에 처해 있더라도 사도 바울처럼 그
모든 것을 초월하는 기쁨의 이유를 발견하시기 바랍니다.

기쁨의 이유

> 형제들아 내가 당한 일이 도리어 복음 전파에 진전이 된 줄
> 을 너희가 알기를 원하노라 _빌립보서 1:12

 바울은 자신이 당한 일이 도리어 복음 전파에 진전이 되었
다고 밝히고 있습니다. 자신이 당한 일이란 바로 감옥에 갇
히게 된 것을 가리킵니다. 바울이 빌립보서를 기록한 이유
중 하나는 자신이 감옥에 갇혔다는 소식을 듣고 걱정하는 빌
립보교회 성도들을 위로하고 격려하기 위함이었습니다. 바
울을 통해 복음을 들었고, 바울의 사역을 위해 기도와 물질
로 중심을 다해 헌신한 이들에게 있어서 그가 감옥에 갇혔
다는 소식은 큰 충격이었습니다. 사도 바울은 이러한 상태
에 있던 빌립보교회 성도들을 향해 자신이 감옥에 갇히게 된
것이 오히려 복음 전파에 진전이 되었다고 하면서 힘을 주고

있는 것입니다.

그리고 또 한편으로는 상황과 환경을 해석하는 영적인 눈이 열려야 한다는 사실을 강조하고 있습니다. 앞의 성경 말씀에 나오는 '진전'이라는 단어는 헬라어로 '프로코페'라고 하는데 이는 군대에서 쓰는 용어입니다. 주로 로마 공병대가 사용했던 단어인데, 앞에 장애물이 있을 때 그것을 헤치고 나갈 길을 연다는 의미를 가지고 있습니다. 당시 로마군의 가장 중요한 무기는 말이 끄는 전차였습니다. 전차부대가 한번 휩쓸고 지나가면 그곳이 전부 다 로마의 영토로 바뀔 정도였습니다. 그런데 이 전차부대가 제대로 된 활약을 하기 위해 중요한 것이 바로 도로입니다. 땅 위의 모든 걸림돌을 다 제거하고 확실하게 도로를 닦아놓는 역할을 로마 공병대가 했던 것입니다. 이 시기 로마가 세계사에 끼친 공헌 중 하나가 바로 이 도로 닦는 기술이었습니다. "모든 길은 로마로 통한다"는 말이 바로 이 때 나온 것입니다. 이들이 얼마나 확실하게 도로를 닦아 놓았던지 지금도 그 도로를 사용하고 있을 정도라고 합니다.

사도 바울이 이 로마 군대 용어를 쓴 이유는 아무리 강한 장애물이 앞에 있다 하더라도 그것이 결코 복음 전파를 막지 못한다는 것을 나타내기 위한 것입니다. 로마의 공병대가 거침없이 길을 닦아가는 것처럼 복음이 전파되고 있다는 것을 아주 사실적으로 표현하고 있습니다. 그러면서 구체적으로 복음이 어떻게 진전되고 있는지 그 내용을 다음의 성경 말씀에서 설명합니다.

> 이러므로 나의 매임이 그리스도 안에서 모든 시위대 안과 그 밖의 모든 사람에게 나타났으니 형제 중 다수가 나의 매임으로 말미암아 주 안에서 신뢰함으로 겁 없이 하나님의 말씀을 더욱 담대히 전하게 되었느니라 _빌립보서 1:13~14

사도 바울은 감옥에 갇히고 쇠사슬에 매인 상태에 처해 있었습니다. 그러나 복음은 그러한 것에 결코 매이지 않고 자신이 갇혀 있던 로마 시위대 안과 밖의 모든 사람에게 오히려 더 큰 증거를 보였다는 사실을 밝히고 있습니다. 당시 로마의 시위대는 황실 근위대를 가리키는 것으로 로마의 최정예부대였습니다. 일반 군인이 아니라 지식적, 사상적으로도 뛰어난 로마의 최고 엘리트 집단이었고, 로마 황실의 친인척들이 그곳의 책임을 맡고 있었습니다.

이때 바울은 "가이사 앞에 서야 하리라"는 언약의 말씀을 붙잡고 로마 황제에게 재판을 요청하여 로마 감옥에 갇혀 있는 상태였습니다. 로마시민권을 가진 자는 로마 황제에게 직접 상소할 수 있는 권리가 있었기 때문에 로마시민권자인 바울이 이를 활용하였던 것입니다.

당시 로마 황제의 재판을 기다리고 있던 죄수들은 도망치지 못하도록 특별 관리를 받았습니다. 죄수 한 명을 감시하는 데 기본적으로 4명의 군사를 두었습니다. 두 명의 군사는 죄수 양쪽에 쇠사슬로 함께 묶고 다른 두 명의 군사가 보초를 서는 형식이었습니다. 하루에 여섯 시간씩 네 개 조가 돌아가면서 교대로 감시를 했기 때문에 사도 바울은 하루에 적어도 16명의 엘리트 군인들과 만나게 되었습니다. 그들은 보초를 서야 하는 입장이라 어디에 가지도 못했으니 하나님께서 전도자 바울에게 친히 밥상을 차려 주신 것과 같았습니다. 사도 바울도 당대 최고인 가말리엘 문하에서 수학했던 엘리트 출신이었기 때문에 엘리트 군인에게 전혀 꿀릴 것이 없었습니다. 하나님께서 이때를 위해 모든 것을 예비해 놓으셨던 것입니다.

이때 바울에 의해 증거된 복음이 로마의 심장부에 꽂히게 되었습니다. 바울은 이에 대한 증거로 빌립보서를 마무리하면서 4장 22절에서 "모든 성도들이 너희에게 문안하되 특히 가이사의 집 사람들 중 몇이니라"라고 언급하고 있습니다. 가이사의 집은 바로 로마 황궁을 말합니다. 로마 황제의 가족 중에서도 예수 믿는 사람들이 생겨났을 정도로 변화가 일어났던 것입니다.

바울은 이처럼 자신이 매여 있음에도 불구하고 복음 전파의 진전이 있었기에 기뻐할 수 있었습니다. 게다가 자신이 갇힌 것을 보고 새로운 전도자들이 일어나게 된 것을 보았으니 더욱 기뻐한 것입니다. 전도자 바울에게 있어서 기쁨의 근원적 이유는 복음 전파에 있었습니다.

여러분도 전도자 바울처럼 여러분에게 일어나는 모든 문제와 사건을 복음 전파가 진전되는 기회로 삼으시기 바랍니다. 그것이 결국 여러분을 상황과 환경을 초월하는 기쁨의 자리로 인도할 것입니다.

확고한 기쁨

> 어떤 이들은 투기와 분쟁으로, 어떤 이들은 착한 뜻으로 그
> 리스도를 전파하나니 이들은 내가 복음을 변증하기 위하여
> 세우심을 받은 줄 알고 사랑으로 하나 그들은 나의 매임에
> 괴로움을 더하게 할 줄로 생각하여 순수하지 못하게 다툼으
> 로 그리스도를 전파하느니라 _빌립보서 1:15~17

사도 바울이 감옥에 갇혔을 때 주변 사람들의 반응은 두 가지로 나뉘었습니다. 첫 번째 부류는 사도 바울이 복음을 증거하다가 감옥에 갇히게 되었으니 이제는 우리가 그 사명을 대신 감당해야 한다며 열정을 다해 올인한 부류였습니다. 이들은 사도 바울과 우호적인 관계에 있었던 성도들입니다.

그리고 또 한 부류가 있었는데, 사도 바울에게 우호적이지 않고 바울과 경쟁하던 사람들이었습니다. 그들은 바울이 감옥에 갇히니까 "지금이 기회다. 우리가 열심히 복음을 전하면 사도 바울이 얼마나 배가 아플까."하고 시기와 질투로 열심히 복음을 전했습니다. 이 모습을 본 사도 바울은 다음과 같이 고백했습니다.

그러면 무엇이냐 겉치레로 하나 참으로 하나 무슨 방도로
하든지 전파되는 것은 그리스도니 이로써 나는 기뻐하고 또
한 기뻐하리라 _빌립보서 1:18

 바울의 모든 생각과 관심은 오직 복음 전파에 맞추어져 있
음을 볼 수 있습니다. 어떤 모습, 무슨 방도로 하든지 전파되
는 것이 그리스도면 된다는 것입니다. '예수가 그리스도, 인
생 모든 문제 해결자' 되신다는 참 복음의 진리만 전파된다
면 자신은 아무렇지 않다는 것입니다. 자신을 미워서 하든
좋아서 하든 그런 것은 상관없이 오직 그리스도만 증거된다
면 자신은 기뻐하고 기뻐할 것이라는 고백입니다. "나는 기
뻐하고 또한 기뻐하리라"라는 표현에는 사도 바울의 기쁨이
얼마나 확고한지가 담겨 있습니다. 이 표현에는 현재형과 미
래형이 같이 연결되어 있습니다. 헬라어에서 이렇게 사용하
는 것은 '확고한 의지'를 뜻하는 관용적 표현입니다. 그만큼
확고한 기쁨을 바울이 소유하고 있었다는 것을 말합니다.

 교향곡의 아버지로 불리는 하이든에게 어떤 사람이 이렇게
질문했습니다.

"선생님의 음악이 기쁨으로만 가득 차 있는 이유는 무엇입니까?"

그러자 하이든이 다음과 같이 유명한 대답을 했습니다.

"주께서 내 가슴 속에 폭발하는 기쁨을 주셨고, 또 그분께서 내 펜을 움직이고 계시는데 어떻게 내가 기뻐하지 않을 수가 있습니까? 내 음악이 어떻게 기쁨을 말하지 않을 수가 있겠습니까?"

여러분, 여러분 속에 예수 그리스도로 인해 폭발하는 기쁨이 있습니까? 그렇다면 그것을 말하지 않을 수 없게 되어 있습니다. 복음을 전파함으로써 생명을 살리는 확고한 기쁨을 여러분이 맛보게 되시기를 바랍니다.

하나님께서 주신 선물

존 룰린이라는 사업가가 만든 'Giftology(기프톨로지)'라는 말이 있습니다. 선물을 의하는 Gift(기프트)에 학문을 의미하는 Logy(로지)를 합성한 것으로, 우리말로 하자면 선물학이라고 할 수 있습니다.

 룰린은 기프팅 컨설팅 회사인 룰린 그룹을 창업해서 세계적인 기업으로 성장시켰습니다. 그는 기업가들에게 선물을 받는 고객 입장이 되어보라고 권합니다. 그러면서 만약 당신이 고객이라면 쓸모없는 싸구려 장식품, 재고 떨이하는 것으로 느껴지는 그런 오래된 상품을 받고 기분 좋을 수가 있겠느냐고 말합니다. 단 하나라도 제대로 된 물건을 선물 받고 싶은 것이 고객의 마음이며, 누군가의 마음에 감동을 안겨 준 선물은 언젠가 더 큰 기회로 돌아온다는 것입니다.

 기프톨로지는 이처럼 예기치 못한 순간에 선물을 받는 경험을 상대에게 줌으로써 그의 인생에 멋진 기회가 열리도록 하는 것을 의미합니다.

 예수 그리스도가 바로 하나님의 기프톨로지입니다. 하나님께서 우리에게 깜짝 선물, 그것도 우리 인생을 180도 바꿔주시는 놀라운 선물을 주셨습니다. 이 선물을 받은 기쁨을 사실적으로 누리는 것이 신앙생활입니다. 그리고 그 선물에 대한 기쁨과 감사함이 흘러넘쳐서 또 다른 사람에게 그 선물을 전달하는 것이 바로 전도이고 선교입니다. 모든 독자 여러분이 하나님께 받은 최고의 선물에 감사하며, 불신 영혼들에게도 그 선물을 전달해 주는 복음의 전파자가 되시기를 예수 그리스도의 이름으로 축복합니다.

03

그리스도를
존귀하게 하는 삶!

¹⁹이것이 너희의 간구와 예수 그리스도의 성령의 도우심으로 나를 구원에 이르게 할 줄 아는 고로 ²⁰나의 간절한 기대와 소망을 따라 아무 일에든지 부끄러워하지 아니하고 지금도 전과 같이 온전히 담대하여 살든지 죽든지 내 몸에서 그리스도가 존귀하게 되게 하려 하나니 ²¹이는 내게 사는 것이 그리스도니 죽는 것도 유익함이라 ²²그러나 만일 육신으로 사는 이것이 내 일의 열매일진대 무엇을 택해야 할는지 나는 알지 못하노라 ²³내가 그 둘 사이에 끼었으니 차라리 세상을 떠나서 그리스도와 함께 있는 것이 훨씬 더 좋은 일이라 그렇게 하고 싶으나 ²⁴내가 육신으로 있는 것이 너희를 위하여 더 유익하리라 ²⁵내가 살 것과 너희 믿음의 진보와 기쁨을 위하여 너희 무리와 함께 거할 이것을 확실히 아노니 ²⁶내가 다시 너희와 같이 있음으로 그리스도 예수 안에서 너희 자랑이 나로 말미암아 풍성하게 하려 함이라 ²⁷오직 너희는 그리스도의 복음에 합당하게 생활하라 이는 내가 너희에게 가 보나 떠나 있으나 너희가 한마음으로 서서 한 뜻으로 복음의 신앙을 위하여 협력하는 것과 ²⁸무슨 일에든지 대적하는 자들 때문에 두려워하지 아니하는 이 일을 듣고자 함이라 이것이 그들에게는 멸망의 증거요 너희에게는 구원의 증거니 이는 하나님께로부터 난 것이라 ²⁹그리스도를 위하여 너희에게 은혜를 주신 것은 다만 그를 믿을 뿐 아니라 또한 그를 위하여 고난도 받게 하심이라 ³⁰너희에게도 그와 같은 싸움이 있으니 너희가 내 안에서 본 바요 이제도 내 안에서 듣는 바니라 _빌립보서 1:19~30

그리스도에 집중하는 삶

이것이 너희의 간구와 예수 그리스도의 성령의 도우심으로 나를 구원에 이르게 할 줄 아는 고로 나의 간절한 기대와 소망을 따라 아무 일에든지 부끄러워하지 아니하고 지금도 전과 같이 온전히 담대하여 살든지 죽든지 내 몸에서 그리스도가 존귀하게 되게 하려 하나니 이는 내게 사는 것이 그리스도니 죽는 것도 유익함이라 _빌립보서 1:19~21

빌립보서는 사도 바울이 일평생 어떤 삶을 살았는지를 잘 보여주고 있습니다. 이 때문에 사도 바울의 간증집이라고 해도 될 정도입니다. 사도 바울은 빌립보교회 성도들에게 "내 환경과 형편은 어찌 되든 상관이 없다. 나의 삶을 통해서 오직 예수 그리스도만 전파된다면 나는 그것으로 인해 기뻐하고 기뻐할 것이다."라는 고백을 한 바 있습니다. 복음 전파에 진전이 되는 삶 자체가 사도 바울에게는 기쁨의 근원적 이유였던 것입니다.

앞의 성경 말씀을 보면 그는 살든지 죽든지 그리스도를 존귀하게 하는 삶을 사는 것에 인생의 모든 초점이 맞추어져 있다는 사실을 강조하고 있습니다. 오직 그리스도를 존귀하게 하는 것이 바울의 간절한 기대이자 유일한 소망이었습니다.

바울은 당시 로마 시위대 감옥에 투옥된 상태였습니다. 시위대 감옥에 갇혀서 재판을 받게 된다는 것은 지금으로 말하면 대법원 판결을 기다리는 것이라고 할 수 있습니다. 여기에서 나오는 결과는 더 이상 상소할 수 있는 것이 아니라 그대로 확정되는 것이었습니다. 이에 바울은 두 가지 결단을 드러냈습니다. 재판에서 무죄가 확정되어 석방되면 자유로운 상태에서 복음을 증거함으로써 그리스도를 존귀하게 할 것이고, 사형이 선고되면 순교를 통해 그리스도를 존귀하게 하겠다고 말하고 있습니다. 결국 사나 죽으나 자신을 통해 예수 그리스도가 존귀하게 되기만 한다면 자신은 아무런 여한이 없다는 것입니다.

바울은 다메섹에서 예수 그리스도를 만난 이후 이미 죽음에 대해서는 초월한 상태로 사역했습니다. 사도행전 20장 24절에서 바울은 "내가 달려갈 길과 주 예수께 받은 사명 곧 하나님의 은혜의 복음을 증언하는 일을 마치려 함에는 나의 생명조차 조금도 귀한 것으로 여기지 아니하노라"라고 고백했습니다. 바울은 이미 생명 건 사역을 해왔던 것입니다. 고린도후서 12장 1~4절을 보면, 천국에 대한 환상과 계시에 대한 사도 바울의 간증이 나옵니다. 여기에서 그는 자신이 "낙원으로 이끌려 가서 말로 표현할 수 없는 말을 들었으니 사람이 가히 이르지 못 할 말"이었다는 고백을 합니다. 그는 빨리 천국에 가고 싶었습니다. 빌립보서 1장 23절에서도 그는 자신이 세상을 떠나서 그리스도와 함께 있는 것이 훨씬 더 좋은 일이고, 그렇게 하고 싶다고 밝히고 있습니다.

 이런 생각을 가지고 있었지만 그는 빌립보서 1장 24~26절에서 빌립보 교인들의 믿음의 진보와 기쁨을 위하여 자신이 사는 것이 더 유익한 것이라고 말합니다. 이처럼 바울은 모든 생각과 삶의 우선순위가 어떻게 해서든 그리스도가 더 많이 드러나고 전파되는 것에 있었습니다. 자신이 살면 열매를 맺을 것이고, 죽으면 그토록 사모하는 주님과 더 빨리 만날 것이기 때문에, 사느냐 죽느냐는 전혀 중요하게 여기지 않았던 것입니다. 그는 로마서 14장 8절에서도 "우리가 살아도 주를 위하여 살고 죽어도 주를 위하여 죽나니 그러므로 사나 죽으나 우리가 주의 것이로다"라고 강조하고 있습니다. 이것이 바울의 가치관이자 인생관이었던 것입니다.

빌립보서 1장 20절의 "아무 일에든지 부끄러워하지 아니하고 살든지 죽든지 자신의 몸에서 그리스도가 존귀하게 되게 하려 한다"는 표현은 원어로 보면 전부 수동태로 되어 있습니다. 이는 자신의 의지와 노력으로는 그러한 삶을 살 수 없다는 것을 나타냅니다. 이에 대해 바울은 이미 빌립보서 1장 19절에서 끝없는 기도와 예수 그리스도의 영인 성령의 도우심으로 그렇게 될 수 있음을 밝혔습니다. 그만큼 기도가 중요하다는 것입니다. 우리가 그리스도께 집중할 수 있는 것은 우리의 의지나 노력이 아닙니다. 기도의 힘입니다. 보좌의 축복을 누리는 삶도 기도에 있습니다. 기도를 통해 성삼위하나님의 권능을 힘입게 된다는 사실을 분명히 깨달아야 합니다.

 씨름에서 가장 드라마틱하고 화려한 기술이 바로 뒤집기입니다. 체중이 적게 나가는 선수가 자신보다 무거운 상대를 뒤집기 기술로 제압하는 모습을 여러분도 본 적이 있을 것입니다. 그런데 이 뒤집기라는 표현을 씨름 말고 다른 스포츠 경기에서도 종종 사용합니다. 경기에 지고 있다가 종료 직전에 역전할 때 "막판 뒤집기로 승리했다"는 표현을 쓰곤 합니다. 역전승의 묘미와 감동을 나타내는 단어가 이 뒤집기인 것입니다. 그런데 이 뒤집기 기술이 우리의 신앙생활에도 필요합니다. 하나님 자녀는 영적인 뒤집기 선수가 되어야 합니다. 넘어지고 패배한 것처럼 보이는 순간에 그것을 반전시키고 역전시키는 것이 바로 그리스도인의 삶입니다.

 그렇다면 이런 역전의 원동력이 무엇일까요? 바로 기도입니다. 사도 바울은 고린도후서 4장 7~9절에서 "우리가 이 보배를 질그릇에 가졌으니 이는 심히 큰 능력은 하나님께 있고 우리에게 있지 아니함을 알게 하려 함이라 우리가 사방으로 우겨쌈을 당하여도 싸이지 아니하며 답답한 일을 당하여도 낙심하지 아니하며 박해를 받아도 버린 바 되지 아니하며 거꾸러뜨림을 당하여도 망하지 아니하고"라고 강조했습니다. 우리는 질그릇처럼 연약한 존재입니다. 하지만 그 안에 예수 그리스도라는 보배를 가지고 있습니다. 그렇기 때문에 우리가 그리스도 예수께 집중하면 모든 상황과 환경을 역전시킬 수 있게 된다는 사실을 분명히 깨달으시기 바랍니다.

복음에 합당한 삶

오직 너희는 그리스도의 복음에 합당하게 생활하라 이는 내
가 너희에게 가 보나 떠나 있으나 너희가 한마음으로 서서
한 뜻으로 복음의 신앙을 위하여 협력하는 것과 무슨 일에
든지 대적하는 자들 때문에 두려워하지 아니하는 이 일을
듣고자 함이라 이것이 그들에게는 멸망의 증거요 너희에게
는 구원의 증거니 이는 하나님께로부터 난 것이라

_빌립보서 1:27~28

 앞의 성경 말씀에 나오는 '생활하라'는 말은 헬라어로 '폴리
튜에스데'라고 하는데, '시민답게 살라'는 의미를 가지고 있
습니다. 당시 빌립보는 로마의 식민지였습니다. 그런데 그
가운데에는 로마 시민권을 부여받은 사람들이 많았습니다.
로마법의 지배를 받았던 이들은 채찍으로 맞는 형벌은 받지
않았고, 현행범이 아닌 경우에는 체포되는 것도 면제되었을
뿐만 아니라, 로마 황제에게 직접 상소할 수 있는 권리도 있
었습니다. 이렇게 로마 시민권자로 살았던 빌립보 사람들은
대단한 자부심을 가지고 있었습니다. 시민으로서 지켜야 할
의무와 책임을 아주 기쁘게 이행하면서 로마에 사는 사람들
보다 더 로마인처럼 살아가려고 했습니다.

사도 바울은 이런 당시 시대적 상황을 가지고 빌립보교회 성도들에게 복음에 합당하게 생활하는 것이 무엇인지를 아주 쉽게 설명하고 있는 것입니다. "너희가 로마 시민권자로서의 삶에 그렇게 자부심을 가지고 생활하는데, 그것과는 비교가 되지 않는 천국 시민권이 너희에게 주어져 있지 않느냐"는 것입니다. 사도 바울은 빌립보교회 성도들에게 천국 시민권을 가진 자라는 영적 정체성을 분명히 하고 거기에 걸맞은 삶을 살 것을 권면하고 있습니다. 이것이 그리스도를 존귀하게 하는 삶이라는 것입니다.

바울은 복음에 합당한 삶이 무엇인지에 대해 크게 두 가지로 이야기하고 있습니다. 첫째는 한 마음으로 서서 한 뜻으로 복음의 신앙을 위하여 협력하는 것입니다. 여기서 '협력하다'라는 말은 '함께 경주하다'라는 뜻을 가지고 있습니다. 혼자가 아니라 '함께' 믿음의 경주를 해 나가는 것이 무엇보다 중요하다는 사실을 우리가 깨달아야 합니다.

둘째는 복음을 대적하는 자들에 대해서는 결코 두려워할 필요가 없이 담대하게 생활하는 것입니다. 어떤 핍박을 받는다 해도 하나님 자녀에게는 그것이 오히려 구원의 증거가 되고,

핍박하는 자들에게는 멸망의 증거가 되기 때문입니다. 빌립 보서 1장 29~30절에서 바울은 복음에 합당한 생활을 할 때 때로는 고난과 핍박의 상황에도 처하게 된다는 사실을 밝히 고 있습니다. 그러나 이 고난과 핍박에 대해 전혀 염려하거 나 두려워할 필요가 없습니다. 히브리서 13장 5~6절을 보면 "…그가 친히 말씀하시기를 내가 결코 너희를 버리지 아니하 고 너희를 떠나지 아니하리라 하셨느니라 그러므로 우리가 담대히 말하되 주는 나를 돕는 이시니 내가 무서워하지 아니 하겠노라 사람이 내게 어찌하리요 하노라"고 말씀하고 있습 니다.

 우리가 가는 믿음의 여정에는 결코 평탄한 길만 있는 것이 아닙니다. 때로는 장애물이 가로막고 있고, 때로는 광야길, 가시밭길을 걸어가야 하는 순간이 있을 수 있습니다. 하지만 모든 것을 합력하여 선을 이루시는 성삼위 하나님께서 우리 와 함께하시며 우리의 삶을 완벽하게 인도하심을 믿으시기 바랍니다.

 이를 통해 우리가 받는 모든 핍박이 구원의 증거임을 분명 히 깨달아야 합니다. 모든 독자 여러분이 하나님의 절대주권을 분명히 믿으며 복음에 합당한 삶을 살아가게 되시기를 바랍니다.

초월적 응답과 축복

재미있는 질문을 하나 해보겠습니다. 깨와 소금을 섞으면 깨소금입니다. 그러면 깨와 설탕을 섞으면 무엇일까요? 깨와 설탕을 섞으면 '깨달음'이 된다고 합니다. 우스갯말이지만 우리가 여기서 붙잡아야 할 단어는 바로 '깨달음'입니다. 영적인 삶은 하나님께서 우리에게 언약으로 주신 말씀을 깨닫는 것에서부터 시작됩니다. 그렇기 때문에 강단에서 선포되는 말씀에 집중하는 것이 중요합니다. 강단 메시지와 소통이 되면 하나님의 초월적 축복을 체험하게 됩니다. 그리스도에 집중하고, 복음에 합당한 삶을 살 때 초월적 응답의 주역으로 서게 되는 것입니다.

이러한 초월적 응답과 축복을 통해 우리는 깨달음에서 한 걸음 더 나아가 깨우침의 자리까지 가야 합니다. 자기 혼자만 깨닫고 누리는 것이 아니라, 그렇지 못한 영혼들을 깨우쳐 주는 자리로 나아가야 하는 것입니다. 여러분이 깨달은 그 복음의 진리는 너무나도 귀한 것입니다. 유일하고 절대적인 것이기 때문에 우리만 갖고 있어서는 안 됩니다. 하나님께서는 우리가 가능한 모든 사람에게 그 진리를 전하길 원하십니다. 디모데전서 2장 4절을 보면, "하나님은 모든 사람이 구원을 받으며 진리를 아는 데에 이르기를 원하시느니라"고 분명히 나와 있습니다. 이는 하나님의 언약적 한이 담겨 있는 말씀입니다. 모든 독자 여러분이 이를 깨닫고 깨우쳐 하나님의 뜻과 언약을 성취 시키는 영적 주인공이 되시기를 예수 그리스도의 이름으로 축복합니다.

04

품어야 할 그리스도
예수의 마음!

¹그러므로 그리스도 안에 무슨 권면이나 사랑의 무슨 위로나 성령의 무슨 교제나 긍휼이나 자비가 있거든 ²마음을 같이하여 같은 사랑을 가지고 뜻을 합하며 한마음을 품어 ³아무 일에든지 다툼이나 허영으로 하지 말고 오직 겸손한 마음으로 각각 자기보다 남을 낫게 여기고 ⁴각각 자기 일을 돌볼뿐더러 또한 각각 다른 사람들의 일을 돌보아 나의 기쁨을 충만하게 하라 ⁵너희 안에 이 마음을 품으라 곧 그리스도 예수의 마음이니 ⁶그는 근본 하나님의 본체시나 하나님과 동등됨을 취할 것으로 여기지 아니하시고 ⁷오히려 자기를 비워 종의 형체를 가지사 사람들과 같이 되셨고 ⁸사람의 모양으로 나타나사 자기를 낮추시고 죽기까지 복종하셨으니 곧 십자가에 죽으심이라 ⁹이러므로 하나님이 그를 지극히 높여 모든 이름 위에 뛰어난 이름을 주사 ¹⁰하늘에 있는 자들과 땅에 있는 자들과 땅 아래에 있는 자들로 모든 무릎을 예수의 이름에 꿇게 하시고 ¹¹모든 입으로 예수 그리스도를 주라 시인하여 하나님 아버지께 영광을 돌리게 하셨느니라 _빌립보서 2:1~11

영적 근본의 회복

 이번 챕터의 제목은 '품어야 할 그리스도 예수의 마음'입니다. 사실 신앙생활은 그리스도 예수의 마음을 품는 것에서 진정한 시작이 됩니다. 참된 누림의 삶도 그리스도 예수의 마음을 품어야 가능합니다. 하지만 우리의 실상은 어떻습니까? 창세기 3장의 자기중심적 삶이 이미 각인, 뿌리, 체질화되어있습니다. 자기가 가진 기준과 생각, 예수 믿기 전까지 해왔던 옛 사람의 모습에서 벗어나지 못하고 있는 것이 현실입니다. 그래서 그리스도 예수의 마음으로 새로운 각인이 일어나야 합니다.

 사도 바울은 빌립보서 2장을 통해 교회공동체가 하나 되어 영적 영향력을 입히는 데 있어서 가장 중요한 것이 바로 그리스도 예수의 마음을 가지는 것이라고 밝히고 있습니다. 그리스도 예수의 마음만 가지면 영적 근본을 회복하게 됩니다. 그러면 영적인 무한한 힘을 가지고 세상을 살리게 되어 있고, 초월적 응답의 증인으로 나아가게 된다는 사실을 반드시 붙잡으시기 바랍니다.

오직 겸손한 마음

그러므로 그리스도 안에 무슨 권면이나 사랑의 무슨 위로나 성령의 무슨 교제나 긍휼이나 자비가 있거든 마음을 같이하여 같은 사랑을 가지고 뜻을 합하며 한마음을 품어 아무 일에든지 다툼이나 허영으로 하지 말고 오직 겸손한 마음으로 각각 자기보다 남을 낫게 여기고 각각 자기 일을 돌볼뿐더러 또한 각각 다른 사람들의 일을 돌보아 나의 기쁨을 충만하게 하라 _빌립보서 2:1~4

앞의 성경 말씀은 '그러므로'라는 단어로 시작하고 있습니다. '그러므로'는 앞에서 언급한 내용을 요약해서 결론을 내리는 것입니다. 앞의 챕터에서 사도 바울은 빌립보교회 성도들에게 그리스도를 존귀하게 하는 삶을 살라고 권면했습니다. 그리고 그 결론적인 내용을 다시 한번 강조하고 있는데, 바울이 강조하고 있는 것은 너희가 그리스도 안에서 받은 사랑과 은혜가 무엇인지 다시금 깨닫고 한마음 한뜻이 되어 서로를 섬기라는 것입니다.

빌립보서 2장 1절에 나오는 내용은 빌립보교회 성도들이 지금까지 주 안에서 받은 은혜의 내용입니다. 그리스도 안에 있는 권면, 사랑의 위로, 성령의 교제, 긍휼과 자비를 너희가 받았으니 이제는 너희도 이런 은혜를 전달하는 역할을 감당해야 한다는 것입니다. 예수 그리스도의 사랑을 풍성히 받았으니 이제 나눌 수준이 되어야 하는 것이 아니냐는 말입니다. 바울이 이렇게 말하는 바탕에는 당시 빌립보교회 안에 Oneness 되지 못하는 일이 있었기 때문입니다. 빌립보교회는 전도자 바울에 대한 사랑도 있었고, 복음 전파에 대한 열정도 있었습니다. 그런데 한 가지 문제를 가지고 있는 상태였습니다. 뒤에 빌립보서 4장 2~3절에서 바울이 간략하게 언급하지만, 교회 안에서 핵심 사역자로 일하던 유오디아와 순두게 사이에 문제가 있었습니다. 서로 간에 경쟁이 붙고, 질투하고 시샘하다 보니 교회가 Oneness를 이루지 못했던 것입니다.

여기서 우리가 잘 보아야 할 것이 있습니다. 구원받은 하나님의 자녀라고 해서 완벽한 인간일 수는 없습니다. 예수 그리스도를 믿는 순간 하나님의 자녀가 되는 신분 변화가 즉시로 일어납니다. 그런데 그 신분에 걸맞은 삶을 살기 위해서는 변화의 시간이 필요합니다. 여전히 옛 습관, 옛 체질이라는 옛 틀에 살고 있기 때문에 그것을 깨나가는 시간이 필요한 것입니다. 이처럼 옛 틀을 깨고 새 틀을 갖추는 변화의 과정이 신앙생활이고, 이것은 어떻게 보면 이 땅에서의 삶을 마무리하는 시간까지도 해나가야 하는 과정입니다.

사도 바울은 앞의 성경 말씀을 통해 그리스도 예수의 마음이 오직 겸손한 마음임을 강조하고 있습니다. 그러면서 성경이 말하는 겸손이 무엇인지를 설명합니다. "아무 일에든지 다툼이나 허영으로 하지 말고 오직 겸손한 마음으로 각각 자기보다 남을 낮게 여기고 각각 자기 일을 돌볼뿐더러 또한 각각 다른 사람들의 일을 돌보아…"라는 이 부분이 겸손한 마음이 보여주는 삶의 모습입니다. 다툼이나 허영은 자기를 나타내려는 성향 때문에 나옵니다. 창세기 3장의 자기중심적 성향이 드러나는 순간 영적인 분위기가 흐트러지고 결국 한마음 한뜻이 되지 못하는 것입니다. 그런데 안타깝게도 지금 세상의 풍조가 이렇습니다. 창세기 3장의 자기중심, 창세기 6장의 물질 중심, 창세기 11장의 세상 성공 중심의 삶 속에 매몰되어 있습니다.

우리는 정말 이러한 서론적인 것에 속지 말아야 합니다. 「그리스도를 본받아」라는 유명한 책을 쓴 토마스 아 켐피스는

"겸손한 사람에게는 지속적인 평화가 있지만, 교만한 사람에게는 잦은 시기와 분노가 있다."라고 고백했습니다. 겸손은 공동체를 평안으로 하나 되게 하지만, 교만은 분쟁 속으로 이끕니다. 사탄이 가장 우리를 쉽게 넘어뜨리는 것이 이 부분이기도 합니다. 그러므로 우리의 삶은 갈라디아서 2장 20절이 되어야만 합니다. "내가 그리스도와 함께 십자가에 못 박혔나니 그런즉 이제는 내가 사는 것이 아니요 오직 내 안에 그리스도께서 사시는 것이라 이제 내가 육체 가운데 사는 것은 나를 사랑하사 나를 위하여 자기 자신을 버리신 하나님의 아들을 믿는 믿음 안에서 사는 것이라" 오직 그리스도가 되면 끝나는 것입니다.

 그리고 이제는 자기보다 남을 낮게 여기는 삶을 살아야 합니다. 이 말은 상대방을 복음의 눈으로, 한 영혼을 천하보다 귀하게 여기시는 예수님의 심정으로 상대방을 바라보라는 것입니다. 영적인 가치 의식을 가지고, 상대방 속에 있는 가능성, 잠재력을 바라보고 그것이 자랄 수 있도록 도와주어야 합니다. 앞의 성경 말씀에 나오는 "자기 일을 돌볼뿐더러 또한 각각 다른 사람들의 일을 돌본다"는 것이 바로 이런 삶을 말합니다. 이렇게 영혼에 대한 복음적 열정을 가지고 도전할 때 열매를 맺는 삶을 살아가게 된다는 사실을 반드시 깨달으시기 바랍니다.

생명 살리는 마음

> 너희 안에 이 마음을 품으라 곧 그리스도 예수의 마음이니
> _빌립보서 2:5

바울은 우리에게 그리스도 예수의 마음을 품으라고 강조하고 있습니다. 예수님과 같은 마음만 품으면 가정, 직장, 사업장 등 삶의 모든 현장에서 일어나는 수많은 문제 속에서, 특별히 사람과의 관계 속에서 참 자유함을 얻을 수 있기 때문입니다. 그렇다면 바울이 강조하는 그리스도 예수의 마음이란 무엇일까요?

> 그는 근본 하나님의 본체시나 하나님과 동등됨을 취할 것으로 여기지 아니하시고 오히려 자기를 비워 종의 형체를 가지사 사람들과 같이 되셨고 사람의 모양으로 나타나사 자기를 낮추시고 죽기까지 복종하셨으니 곧 십자가에 죽으심이라 _빌립보서 2:6~8

십자가에 죽기까지 낮아지신 그리스도 예수의 마음을 우리가 본받아야 한다는 것입니다. 원래 예수 그리스도의 근본은 하나님의 본체라고 말씀하고 있습니다. 이 말은 예수님이 곧 하나님이라는 말입니다. 원래 하나님이신 예수님이 스스로를 낮추셔서 사람으로 이 땅에 오셨는데, 그것도 종의 모습으로 오셨다는 것입니다. 그것도 모자라 십자가에 죽기까지 자신을 낮추신 분이 바로 예수 그리스도이십니다.

예수 그리스도께서 이렇게 낮아지신 궁극적인 목적이 무엇이었습니까? 바로 12가지 사탄의 굴레 속에 빠져 영원한 멸망 길로 갈 수밖에 없는 인간을 구원하시기 위함이었습니다. 마가복음 10장 45절을 보면 "인자가 온 것은 섬김을 받으려 함이 아니라 도리어 섬기려 하고 자기 목숨을 많은 사람의 대속물로 주려 함이니라"고 말씀하고 있습니다. 예수님의 섬김의 절정은 자신의 목숨을 십자가에서 내어놓으신 것입니다. 그 결과 우리가 죄 사함을 받고 구원을 얻게 되었습니다. 한마디로 예수 그리스도의 마음은 다른 것이 아니라 생명 살리는 마음입니다. 우리는 이 마음을 가지고 현장으로 나아가야 합니다. 우리가 이 예수 그리스도의 마음을 품고 생명 살리는 도전에 나설 때 하나님께서는 결코 그냥 보고 계시지 않습니다.

> 이러므로 하나님이 그를 지극히 높여 모든 이름 위에 뛰어
> 난 이름을 주사 하늘에 있는 자들과 땅에 있는 자들과 땅 아
> 래에 있는 자들로 모든 무릎을 예수의 이름에 꿇게 하시고
> 모든 입으로 예수 그리스도를 주라 시인하여 하나님 아버지
> 께 영광을 돌리게 하셨느니라 _빌립보서 2:9~11

 하나님께서는 죽기까지 복종하신 예수 그리스도를 지극히 높이셨습니다. 하나님의 말씀대로 순종하였더니 하나님께서 영화롭게 해 주신 것입니다. 예수 그리스도의 마음을 품은 여러분도 하나님께서 존귀하게 해 주실 것입니다. 예수 그리스도의 마음을 품고 생명 살리는 도전에 나설 때 하나님께서 초월적 축복의 증인으로 세워주십니다. 모든 독자 여러분이 일심, 전심, 지속의 영적 자세로 생명 살리는 도전에 나섬으로써 초월적 축복의 증인으로 서게 되시기를 예수 그리스도의 이름으로 축복합니다.

05

하나님의 기쁘신 뜻을 행하는 도전!

¹²그러므로 나의 사랑하는 자들아 너희가 나 있을 때뿐 아니라 더욱 지금 나 없을 때에도 항상 복종하여 두렵고 떨림으로 너희 구원을 이루라 ¹³너희 안에서 행하시는 이는 하나님이시니 자기의 기쁘신 뜻을 위하여 너희에게 소원을 두고 행하게 하시나니 ¹⁴모든 일을 원망과 시비가 없이 하라 ¹⁵이는 너희가 흠이 없고 순전하여 어그러지고 거스르는 세대 가운데서 하나님의 흠 없는 자녀로 세상에서 그들 가운데 빛들로 나타내며 ¹⁶생명의 말씀을 밝혀 나의 달음질이 헛되지 아니하고 수고도 헛되지 아니함으로 그리스도의 날에 내가 자랑할 것이 있게 하려 함이라

_빌립보서 2:12~16

언약적 도전

이번 챕터의 제목에는 신앙생활이 무엇인지에 대한 정의가 담겨 있습니다. 신앙생활은 하나님의 기쁘신 뜻이 무엇인지 올바로 분별해서 그 뜻을 행하는 언약적 도전을 하는 것입니다. 그렇다면 하나님의 놀라운 뜻과 계획은 과연 무엇일까요? 237나라와 5천 종족의 복음화일 것입니다. 예수님께서 부활하시고 승천하시면서 하신 말씀도 모두 여기에 포커스가 맞춰져 있습니다.

이를 신학적으로는 '구속사 성취'라고 합니다. 쉽게 설명하면 하나님께서 계획하시고 성취하시는 인류 구원의 역사를 말합니다. 하나님의 시간표는 구속사 성취 중심으로 흘러가게 되어 있으며, 이를 '창조, 타락, 구속'의 세 단어로 요약해서 설명할 수 있습니다.

인류 역사는 하나님의 창조 역사로 시작되었습니다. 그런데 하나님께서 창조하신 세계가 첫 사람 아담의 범죄로 인해 타락하게 되었습니다. 하나님의 말씀에 불순종하는 범죄로 인해 하나님과 인간이 맺었던 언약이 깨어지게 되었고, 그 결과로 인간은 물론이고 땅까지 저주받은 것입니다.

 그런데 사랑과 긍휼이 풍성하신 하나님께서 이 모든 죄와 저주에서 회복시키는 길을 여셨습니다. 이렇게 전적으로 타락한 인간을 원래 상태로 회복시키는 재창조의 역사를 구속이라고 합니다. 흔히 구속하면 범죄한 자를 체포하여 신체를 속박하는 구속(拘束)을 떠올리지만, 성경에서 구속(救贖)은 모든 죄에서 속량을 받고 참된 해방과 참 자유함을 얻게 하는 것을 말합니다. 이런 구속사 성취의 핵심이 바로 예수 그리스도입니다. 그래서 기독교는 예수 그리스도를 빼고서는 설명이 안 되는 것입니다.

 예수가 그리스도로 오셔서 인생 모든 문제, 죄와 저주 가운데 열두 가지 영적 문제로 고통받다가 죽어 지옥에 갈 수밖에 없는 인생의 근본 문제를 완벽하게 해결해 주신 것을 일컬어 복된 소식, 즉 복음이라고 합니다. 참된 해방과 참 자유 선언이 바로 복음입니다. 우리는 이 복음이 주는 놀라운 축복을 받았습니다. 그것도 우리의 행위와 노력과는 전혀 상관없는 하나님의 절대 은혜로 우리가 구속 곧 죄 사함을 받고 영원한 생명을 얻게 된 것입니다. 이 놀라운 축복을 나만 누리는 것이 아니라, 지역, 민족, 세계로 확산시켜 나가는 것이 바로 하나님의 기쁘신 뜻입니다. 우리가 이러한 하나님의 기쁘신 뜻을 행하기 위해 언약적 도전을 할 때 하나님께서는 우리의 발걸음 속에 초월적 축복을 쏟아부어 주실 것입니다.

구원을 이루는 도전

> 그러므로 나의 사랑하는 자들아 너희가 나 있을 때뿐 아니라 더욱 지금 나 없을 때에도 항상 복종하여 두렵고 떨림으로 너희 구원을 이루라 _빌립보서 2:12

사실 '구원을 이루는 도전'이라는 말 자체가 어색하게 들릴 수 있습니다. 언제는 구원이 무조건적인 하나님의 은혜라더니만 이제는 구원을 이루어야 한다고 하니 이를 어떻게 받아들여야 하는 것일까요? 어쨌든 사도 바울은 앞의 성경 말씀에서 "구원을 이루라"고 분명히 말하고 있습니다. 이 말이 과연 무슨 뜻일까요?

이는 구원을 자기 자신의 힘으로 이루어야 한다는 것을 말하는 게 아닙니다. 에베소서 2장 8~9절을 보면, "너희는 그

은혜에 의하여 믿음으로 말미암아 구원을 받았으니 이것은 너희에게서 난 것이 아니요 하나님의 선물이라 행위에서 난 것이 아니니 이는 누구든지 자랑하지 못하게 함이라"고 되어 있습니다. 타락한 인간은 자기 스스로 자신의 운명을 바꿀 수 있는 존재가 아닙니다. 하나님의 전적인 은혜가 있어야만 구원의 길로 들어설 수 있는 존재입니다.

그렇다면 사도 바울이 말한 "구원을 이루라"는 말은 대체 무슨 뜻일까요? 쉽게 표현하면 "구원을 생활 속에서 나타내라"는 의미입니다. 구원을 생활 속에서 나타낸다는 것은 하나님의 자녀로서 하나님의 자녀에게 주어진 신분과 권세를 제대로 누리고 살아가라는 것입니다. 다시 말해 신분과 권세를 누리며 현장에서 영적 영향력을 입혀 나가라는 말입니다. 천국 시민답게 천국 시민의 모습을 이 땅에서도 나타내며 불신 영혼들을 멸망 길에서 돌이키라는 것이 바로 사도 바울이 말한 구원을 이루는 것입니다. 이는 신학적으로는 성화의 과정을 의미합니다.

앞의 성경 말씀을 다시 보면, "두렵고 떨림으로 너희 구원을 이루라"고 사도 바울이 언급하고 있습니다. 여기서 '두렵고 떨림'이라는 표현도 잘 해석해야 할 필요가 있습니다. 이는 혹시라도 구원이 취소될까 봐 두려워하고 떨라는 말이 아닙니다. 하나님의 구원은 절대 취소되지 않습니다. 한 번 구원은 영원한 구원입니다. 여기서 말하는 '두렵고 떨림'은 무섭고 불안해하는 그런 두려움이 아니라 누군가를 극진하게 사랑할 때 생기는 마음입니다. 상대방이 나로 인해 실족하지 않을까 염려하는 자기 자신의 영적 상태, 자신이 하는 말을 한 번 더 생각해 보고 살리는 방향으로 복음적 대처를 하는 것을 말합니다. 이를 위해서는 우리가 그리스도 예수의 마음을 가져야 합니다.

우리가 품어야 할 그리스도 예수의 마음이 무엇인가에 대해서는 지난 챕터에서 다룬 바 있습니다. 앞의 성경 말씀은 '그러므로'라는 단어로 시작합니다. 이는 앞의 내용을 바탕으로 그 다음 단계로 나아가라는 의미입니다. 다시 말해 지난 챕터에서 설명한 '그리스도 예수의 마음'을 품고 그러한 영적 자세로 주위에 영적 영향력을 입혀 나가라는 것입니다. 빌립보서 2장 14절에서 바울은 "모든 일을 원망과 시비가 없게 하라"고 밝히고 있습니다. 원망과 시비는 마음에서부터 뭔가를 자꾸 따지고 논쟁하고 싶어 하는 것입니다. 그 과정을 통해 불평의 말이 입 밖으로 쏟아져 나오게 됩니다. 이것도 결국은 창세기 3장의 자기중심적 성향이 표출되는 것입니다. 이렇게 되면 결국 공동체의 Oneness가 깨어지게 됩니다.

 우리는 이러한 사탄의 파괴적인 공격을 미리 간파하고 영적 싸움을 해 나가야 합니다. 어떤 상황 속에서도 오직 그리스도, 오직 하나님의 나라, 오직 성령 충만이 되어야 하는 것입니다. 이는 우리 힘으로 되지 않습니다. 성령의 충만함에 힘입어야 합니다. 그래서 기도가 필요한 것입니다. 기도의 서론은 치유, 기도의 본론은 성령 충만, 기도의 결론은 지역, 민족, 세계복음화입니다. 이를 분명히 깨닫고 기도의 힘으로 영적 도전을 해 나가시기 바랍니다.

생명의 말씀을 밝히는 도전

> 너희 안에서 행하시는 이는 하나님이시니 자기의 기쁘신 뜻을 위하여 너희에게 소원을 두고 행하게 하시나니
> _빌립보서 2:13

앞의 성경 말씀을 보면, 하나님께서 하나님의 기쁘신 뜻을

위하여 우리에게 소원을 두고 행하게 하심을 알 수 있습니다. 이 말은 하나님께서 우리를 로봇처럼 일방적으로 짜인 프로그램에 따라 움직이게 만드신 것이 아니라, 하나님의 형상대로 지음 받은 우리를 존귀하게 여기셔서 우리로 하여금 소원하는 마음을 두고 행하게 하신다는 것을 나타냅니다. 특히 앞의 성경 말씀 중에 '행하다'라는 말은 헬라어로 '에네르곤'인데, 이는 '에너지를 공급하다'라는 뜻입니다. 하나님께서는 우리 각자에게 소원하는 마음을 주심과 동시에 힘을 공급하셔서 하나님의 기쁘신 뜻을 성취하게 하십니다.

이러한 하나님의 소원이 과연 무엇입니까? 다음의 성경 말씀을 보면 알 수 있습니다.

모든 일을 원망과 시비가 없이 하라 이는 너희가 흠이 없고 순전하여 어그러지고 거스르는 세대 가운데서 하나님의 흠 없는 자녀로 세상에서 그들 가운데 빛들로 나타내며 생명의 말씀을 밝혀 나의 달음질이 헛되지 아니하고 수고도 헛되지 아니함으로 그리스도의 날에 내가 자랑할 것이 있게 하려 함이라 _빌립보서 2:14~16

하나님이 원하시는 것은 우리가 빛의 자녀로 당당히 살아가는 모습입니다. 그것도 어그러지고 거스르는 세대, 다시 말해서 불신자들 가운데서 빛을 나타내는 삶을 살아야 합니다. 신앙생활은 세상과 동떨어진 수도 생활이 아니라 세상 속에서 살아가는 것입니다. 그렇기 때문에 세상 속에서, 세상 사람들에게도 본을 보여야 합니다. 마태복음 5장 14절을 보면, 예수님께서 친히 "너희는 세상의 빛이라"고 말씀하십니다. 이는 세상 속에서 빛을 비추라는 것을 뜻합니다. 베드로전서 2장 9절에도 보면, 우리를 어두운 데서 불러내신 이유가 하나님의 기이한 빛에 들어가게 하신 이의 아름다운 덕을 선포하게 하기 위함임을 밝히고 있습니다.

바울은 빛 된 삶이란 구체적으로 생명의 말씀을 밝히는 삶임을 강조합니다. 앞의 성경 말씀에 나오는 "생명의 말씀을 밝혀"에서 '밝히다'는 헬라어로 '에페콘테스'라고 하는데, '횃불을 꽉 움켜잡고 앞으로 내밀어 빛을 밝히는 동작'을 뜻하는 말입니다. 꽉 붙잡고, 내미는 두 가지 동작을 동시에 표현하고 있는데 이는 생명의 말씀인 복음을 굳건히 붙들고 그것을 앞으로 내미는 것, 즉 선포하라는 것을 말합니다. 이를 위해서는 우선 말씀을 단단히 붙들어야 합니다. 큰일이건 작은 일이건, 말씀을 지속해서 붙잡는 것이 중요합니다. 매 예배 시간마다, 훈련의 시간마다 선포되는 메시지를 든든히 붙잡아야 합니다. 강단과 24시간 소통이 되어야 하는 것입니다. 그리고 그다음 단계가 바로 전도와 선교를 통해 생명의 말씀을 현장에서 밝히는 것입니다. 우리는 하나님 말씀이 현장에서 흘러가게 하는 역할을 감당해야 합니다. 그럼으로써 재앙지대가 되어 버린 전 세계 빈 곳을 치유해 나가야 합니다. 그리스도 예수의 절대 복음으로 충만히 채우는 것이 우리에게 주어진 천명, 소명, 사명이라는 사실을 깨달으시기 바랍니다.

사도 바울은 이렇게 생명의 말씀을 현장에서 밝혀 나가는 것이 우리로 하여금 그리스도의 날에 자랑할 것이 있게 하는 삶임을 강조합니다. 쉽게 설명하면 하나님 앞에서 자랑의 면류관이 있어야 한다는 것입니다. 데살로니가전서 2장 19절에 보면 사도 바울이 데살로니가교회 성도들에게 "우리의 소망이나 기쁨이나 자랑의 면류관이 무엇이냐 그가 강림하실 때 우리 주 예수 앞에 너희가 아니냐"라고 언급합니다. 한마디로 생명 구원의 열매가 바로 자랑의 면류관이 된다는 것입니다. 우리가 이렇게 생명 구원의 열매를 맺는 삶을 살아가게 될 때 그리스도의 날에 자랑할 것이 계속 쌓이게 된다는 사실을 분명히 깨달으시기 바랍니다.

하나님의 소원

 어떤 사람이 하나님께 소원을 들어달라고 간구했습니다. 그러자 하나님께서 "그래, 내가 너에게 세 가지 소원을 들어주겠다."라고 응답하셨습니다. 이 사람은 소원을 세 가지나 들어주시겠다는 말에 너무나 감격했습니다. 어떤 소원을 말할지 곰곰이 생각하던 그는 첫 번째 소원으로 "모든 사람으로부터 사랑받는 사람이 되게 해 주십시오."라고 말했습니다. 그랬더니 정말 모든 사람이 그를 사랑하게 되었습니다. 많은 여자가 그에게 다가와 구애하고, 모든 사람들에게 사랑받고 존경을 받게 됐습니다. 그런데 그러다 보니 귀찮아 못 견딜 지경이 되고 말았습니다. 사람들의 애정공세에 지치고 만 것입니다.

 그래서 그는 할 수 없이 하나님 앞에 두 번째 소원을 아뢰었습니다. "하나님, 사람들의 사랑으로부터 나를 건져 주십시오." 그랬더니 사람들의 애정공세가 잠잠해졌습니다. 그는 이제야 살 것 같았습니다. 그런데 소원을 두 번이나 써버리고 하나만 남게 되자 그는 고민에 빠졌습니다. 마지막으로 이제 무슨 소원을 아뢸지 아무리 생각해도 알 수가 없었습니다. 그러다가 "주는 것이 받는 것보다 복이 있다"는 말씀이 생각났습니다. 그래서 그가 하나님 앞에 "하나님, 사람들을 사랑할 수 있는 사랑의 능력을 주십시오."라고 기도했습니다. 그리고 나자 그제야 그에게 참 행복이 찾아왔다고 합니다.

 독자 여러분은 어떤 소원을 가지고 있습니까? 여러분, 하나님의 소원을 가지고, 하나님의 기쁘신 뜻을 행하는 도전을 하시기 바랍니다. 거기에 진정한 행복이 있습니다. 사람들을 그리스도의 사랑으로 품을 때 비로소 참 기쁨, 참 감사, 참 평안, 참 행복을 누리게 됩니다. 모든 독자 여러분이 생명 구원의 열매를 맺는 삶을 살아감으로써 하나님의 초월적 응답을 누리게 되시기를 예수 그리스도의 이름으로 축복합니다.

06

바울의
3인 1조!

¹⁹내가 디모데를 속히 너희에게 보내기를 주 안에서 바람은 너희의 사정을 앎으로 안위를 받으려 함이니 ²⁰이는 뜻을 같이하여 너희 사정을 진실히 생각할 자가 이 밖에 내게 없음이라 ²¹그들이 다 자기 일을 구하고 그리스도 예수의 일을 구하지 아니하되 ²²디모데의 연단을 너희가 아나니 자식이 아버지에게 함같이 나와 함께 복음을 위하여 수고하였느니라 ²³그러므로 내가 내 일이 어떻게 될지를 보아서 곧 이 사람을 보내기를 바라고 ²⁴나도 속히 가게 될 것을 주 안에서 확신하노라 ²⁵그러나 에바브로디도를 너희에게 보내는 것이 필요한 줄로 생각하노니 그는 나의 형제요 함께 수고하고 함께 군사된 자요 너희 사자로 내가 쓸 것을 돕는 자라 ²⁶그가 너희 무리를 간절히 사모하고 자기가 병든 것을 너희가 들은 줄을 알고 심히 근심한지라 ²⁷그가 병들어 죽게 되었으나 하나님이 그를 긍휼히 여기셨고 그뿐 아니라 또 나를 긍휼히 여기사 내 근심 위에 근심을 면하게 하셨느니라 ²⁸그러므로 내가 더욱 급히 그를 보낸 것은 너희로 그를 다시 보고 기뻐하게 하며 내 근심도 덜려 함이니라 ²⁹이러므로 너희가 주 안에서 모든 기쁨으로 그를 영접하고 또 이와 같은 자들을 존귀히 여기라 ³⁰그가 그리스도의 일을 위하여 죽기에 이르러도 자기 목숨을 돌보지 아니한 것은 나를 섬기는 너희의 일에 부족함을 채우려 함이니라 _빌립보서 2:19~30

기쁨과 감사

이번 챕터의 제목은 '바울의 3인 1조'입니다. 빌립보교회는 사실 이 바울의 3인 1조 사역으로부터 시작되었습니다. 사도행전 16장을 보면, 사도 바울은 빌립보성에서 자색 옷감 장사를 하던 루디아와의 만남 이후에 한 사건과 맞닥뜨리게 됩니다. 그가 기도하는 곳으로 가다가 귀신에 들려 점치는 여종 하나를 만났습니다. 바울은 그 여종에게서 귀신을 쫓아주었는데 그 여종 덕에 큰 이익을 얻고 있던 주인이 화가 나서 고소를 했습니다. 빌립보성을 심히 요란하게 하고 이상한 풍속을 전한다는 명목으로 바울은 매를 맞고 감옥에 갇히게 됐습니다.

그런데 감옥에 갇혀 있던 바울은 원망과 불평 대신에 기쁨의 찬송을 불렀습니다. 그때 큰 지진이 일어나 옥터가 움직이고 문이 다 열리는 일이 일어났습니다. 이에 감옥을 지키고 있던 간수가 죄수들이 다 도망갔으니 이제 자신은 죽었다고 절망하며 자결하려고 할 때 바울이 소리를 질러서 그를 멈추게 했습니다. 그리고 바울이 그에게 복음을 증거했고, 그와 온 집안이 다 하나님을 믿게 되었습니다. 그 후에 루디아와 이 간수 그리고 바울이 3인 1조를 이루어 빌립보교회가 탄생한 것입니다. 그리고 사도행전 18장의 고린도 지역 복음화도 바울이 브리스가 부부와 3인 1조를 이루어 응답을 체험한 것입니다.

 이번 챕터에서는 바울과 3인 1조를 이뤘던 또 다른 인물인 디모데와 에바브로디도가 등장합니다. 디모데가 목회자라면 에바브로디도는 평신도 사역자였는데, 이들이 바울과 함께 3인 1조를 이루었습니다. 이렇게 3인 1조를 이루어 사역을 할 때 중요한 것이 있습니다. 바로 디모데와 에바브로디도처럼 주어진 미션을 서로가 기쁨과 감사함으로 실행해 나가는 것입니다. 기쁨과 감사의 영적 자세로 일심, 전심, 지속하게 될 때 하나님 나라 확장의 초월적 축복의 증인으로 서게 된다는 사실을 분명히 깨닫게 되시기를 바랍니다.

함께 복음을 위하여 수고한 디모데

> 내가 디모데를 속히 너희에게 보내기를 주 안에서 바람은 너희의 사정을 앎으로 안위를 받으려 함이니 이는 뜻을 같이하여 너희 사정을 진실히 생각할 자가 이밖에 내게 없음

바울이 디모데를 빌립보교회에 파송하려는 계획을 밝히고 있습니다. 바울은 자신의 상황을 빌립보교회에 전하여 빌립보교회 성도들을 위로하고 격려하며 디모데로 하여금 이들의 영적인 성장을 돕도록 하는 것이 일차적인 목적이었습니다. 또 한 가지는 빌립보교회의 상황을 제대로 알기 위함이었습니다. 바울은 빌립보교회에 분쟁이 있다는 소식을 전해 들었습니다. 그래서 빌립보교회가 이런 상황에서 벗어나 복음에 합당한 교회로서의 본질적인 모습을 회복하여 자신의 기쁨을 회복시켜 달라고 한 것입니다.

바울은 자신이 디모데를 파송하게 된 까닭이 그가 자신과 뜻을 같이하였기 때문임을 밝혔습니다. 뜻을 같이한다는 것은 같은 마음으로 하나님의 일을 한다는 동역의 의미가 담겨 있습니다. 이것이 정말 중요합니다. 어떤 사역을 하든지 간에 예수 그리스도 안에서 한마음 한뜻이 되는 것이 사역의 성패와 직결됩니다. 아무리 열정적인 사람이라 하여도 뜻이 맞지 않으면 주의 일을 함께할 수 없으며, 오히려 그 열정이 방해가 됩니다. 그래서 강단을 중심으로 하나가 되어야 합니다. 강단의 메시지를 통해 완전 Oneness를 이룰 때 하나님 나라의 일을 힘 있게 추진해 나갈 수 있습니다.

> 그들이 다 자기 일을 구하고 그리스도 예수의 일을 구하지 아니하되 디모데의 연단을 너희가 아나니 자식이 아버지에 게 함같이 나와 함께 복음을 위하여 수고하였느니라
> _빌립보서 2:21~22

바울은 디모데의 영적인 삶의 모습에 대해서 더 구체적으로 설명했습니다. 디모데에 대해 "그리스도 예수의 일을 구하는 일꾼이요 자신과 함께 복음을 위하여 수고한 자"라고 강조하고 있습니다. 여기서 '수고하다'라는 말은 헬라어로 '둘류오'라고 하는데, 종이나 노예를 의미하는 '둘로스'에서 온 말입니다. 한 마디로 복음을 위해 종노릇을 하여 삶의 모든 발걸음마다 복음이 복음 되게 하는 생명 건 헌신을 했다는 의미입니다. 사실 이것은 복음의 힘을 체험한 자, 무한세계의 영적인 힘을 체험한 자만이 할 수 있는 것입니다.

바울이 빌립보교회 성도들에게 "디모데의 연단을 너희가 알고 있지 않으냐"고 표현할 정도로 디모데는 연단을 통해 그 그릇이 갖추어졌습니다. 빌립보서 2장 21절을 보면 바울이

빌립보교회를 위해 사역자를 파송할 계획을 세우고 주변에 있던 여러 사람들에게 말을 해 보았는데, 전부 다 자기의 유익만을 추구하고 희생하려 하지 않았습니다. 그런데 디모데는 달랐습니다. 바울이 말한 즉시 자신이 그 일을 감당하겠다고 했습니다. 창세기 3장, 6장, 11장의 자기 것이 없었다는 것입니다. 이처럼 그리스도 예수의 일에 최고 우선순위를 두는 삶의 영적 자세를 가진 자가 바로 그리스도의 절대 제자입니다.

오스왈드 샌더스 목사가 쓴 「영적 제자도」라는 책을 보면 원래 '그리스도인'과 '제자'는 구별 없이 사용하던 말이었는데, 현대에 와서 분리되어 버렸다고 합니다. 사실 초대교회 성도들에게 있어서 그리스도인이라고 불리는 것 자체가 생명을 걸었다는 것과 같은 의미였습니다. 그리스도인이라는 것이 발각되면 재산을 몰수당하고 사회적 신분을 박탈당했으며, 원형경기장에서 맹수의 밥이 되는 일도 허다해서 지하 무덤인 카타콤 같은 곳에서 생활해야 했던 것입니다. 그런데 지금은 그리스도인이라는 표현이 원래 의미와는 너무 다르게 퇴색되어서 그리스도인이 곧 제자라는 개념이 사라진 지 오래입니다. 여러분은 그리스도인이 곧 제자라는 원래 의미를 회복하는 삶에 도전하시기 바랍니다. 그럼으로써 복음을 위하여 수고한 존재, 자기 일을 먼저 구하지 않고 그리스도 예수의 일을 먼저 구하는 그리스도의 절대 제자가 되시기를 바랍니다.

함께 수고하고 군사 된 에바브로디도

그러나 에바브로디도를 너희에게 보내는 것이 필요한 줄로 생각하노니 그는 나의 형제요 함께 수고하고 함께 군사 된 자요 너희 사자로 내가 쓸 것을 돕는 자라 _빌립보서 2:25

바울은 우리에게 또 한 명의 복음의 동역자를 소개하고 있습니다. 바로 에바브로디도입니다. 에바브로디도는 빌립보 교회가 선교헌금을 바울에게 전달하고, 바울의 옥중 생활을 돕기 위해 파송한 사역자였습니다. 사실 빌립보로부터 로마까지는 약 1,200km가 넘는 거리가 떨어져있습니다. 지금은 비행기로 몇 시간이면 가지만, 당시에는 교통수단이 변변치 않았고, 강도와 각종 자연재해의 위험이 도사리고 있었던 이 먼 길을 감옥 수발을 위해 간다는 것은 보통 결단이 아니었습니다.

하지만 에바브로디도는 이 사역을 위해 생명 건 헌신을 하였습니다. 바울도 그를 향해 "자신의 형제요, 함께 수고하고 함께 군사 된 자, 내가 쓸 것을 돕는 자"라고 말하면서 그가 주어진 사역에 생명 건 헌신을 했다는 사실을 강조하고 있습니다. 빌립보서 2장 26~27절을 보면, 에바브로디도는 감옥에 있던 바울을 섬기다가 오히려 자신이 죽음 직전에 이를 정도로 심각한 병에 걸리고 말았습니다. 그리고 이 사실을 안 빌립보교회 성도들이 걱정을 하였는데, 에바브로디도는 오히려 이 일이 알려진 것 때문에 더 근심을 했습니다. 이들은 그저 말로만 걱정을 한 것이 아니라 그리스도 안에서 영적 한 가족 의식을 가지고 서로를 위해 정말 사실적으로 기도했습니다. 그 결과 하나님의 은혜가 에바브로디도에게 임했고 완치될 수 있었습니다. 이처럼 기도는 우리의 모습과 상황을 초월하게 만드는 힘이 임하는 통로입니다.

바울은 회복된 에바브로디도를 빌립보교회에 되돌려 보내면서 그를 기쁨으로 영접하고, 존귀하게 여기라는 말을 덧붙여 말씀하고 있습니다. 그러면서 다음의 성경 말씀에서 그 이유를 설명합니다.

> 그가 그리스도의 일을 위하여 죽기에 이르러도 자기 목숨을
> 돌보지 아니한 것은 나를 섬기는 너희의 일에 부족함을 채
> 우려 함이니라 _빌립보서 2:30

 에바브로디도가 그리스도의 일을 위하여 죽기에 이르러도 자기 목숨을 돌아보지 않을 정도로 생명 건 헌신을 하였기 때문에 존귀한 존재로 대접받을 자격이 있다는 것입니다. 여기서 '돌보지 아니하다'는 말은 도박과 관련된 용어입니다. 도박을 하다가 최고의 패가 나왔을 때 자기가 가지고 있던 모든 걸 거는 것을 '올인'이라고 합니다. 그리고 이 표현에는 '무모함'이라는 뜻도 담겨 있습니다. 다시 말해 주변에서 에바브로디도를 볼 때에 그는 무모할 정도로 올인했다는 것입니다. 바울도 그를 함께 군사 된 자라고 표현할 만큼 그는 일단 미션이 주어지면 좌고우면하지 않고 즉시로 실행에 옮겼습니다. 어떻게 이럴 수 있었을까요? 에바브로디도에게는 복음의 힘이 있었습니다. 문제, 갈등, 위기는 상관없고, 핍박도, 불가능도 괜찮았습니다. 자신에게 그리스도만 있으면 상관없다는 것입니다. 절대 가능의 이름이 바로 그리스도입니다.

 그런데 우리가 사실 디모데는 많이 들어보았지만, 에바브로

디도라는 이름은 잘 들어보지 못했을 것입니다. 두 사람은 그 출신과 성장 배경에서 다른 점이 있습니다. 디모데는 믿음의 가정에서 태어나 어려서부터 성경을 알았을 정도로 영적 배경이 든든했습니다. 그런데 이와 달리 에바브로디도는 불신자의 가정에서 태어나 자랐지만, 복음을 받고 변화된 인물입니다. 에바브로디도라는 이름을 보면 그의 출신 배경을 유추할 수 있습니다. 이 이름은 미의 여신인 아프로디테에서 가져온 것으로 그가 우상 문화 속에서 자라났음을 알 수 있습니다.

이처럼 배경이 다른 디모데와 에바브로디도였지만, 복음 운동에 있어서는 각자의 위치에서 한결같은 마음을 가지고 사도 바울과 평생 동역의 삶을 살았습니다. 사도 바울이 이들의 언약적 삶을 일일이 언급할 정도로 증거를 보였습니다. 여러분도 살아온 환경, 가지고 있는 성향이 다 다를 것입니다. 하지만 우리는 복음 운동 앞에서 완전 Oneness를 이루어야 합니다. 그럼으로써 만국을 기업으로 얻게 되는 초월적 응답의 주역으로 서야 할 것입니다.

완전 Oneness

1907년 남궁 억 장로가 작사한 「삼천리 반도 금수강산」이라는 찬양이 있습니다. 당시 한반도를 집어삼키려는 야욕을 품고 있던 일본은 우리 민족에게 이 땅은 버려진 땅이니 일본이 돕지 않으면 안 된다는 인식을 계속 불어넣고 있었습니다. 모든 국민들의 힘을 빼고 무력감과 좌절과 절망 가운데 빠지게 했습니다. 이때 남궁 억 장로가 이 곡을 지었는데 가사의 내용은 "우리나라는 하나님이 주신 동산이다. 지금은 절망할 때가 아니다. 이 동산에 할 일이 많다. 사방에 일꾼이 필요하다. 하나님 명령을 받았으니 반도 강산에 일하러 가자!"는 것이었습니다. 실제로 이 곡을 통해 수많은 젊은이들이 독립운동에 헌신했고, 그것이 3·1 운동으로 이어져서 온 민족의 가슴으로 흘러갔습니다. 그 영향력이 얼마나 컸던지 1937년 3월 일제에 의해 제1호 금지곡으로 지정될 정도였습니다. 하지만 한국 교회에서는 이 찬양을 몰래 부르면서까지 애국심을 고취하였습니다.

제가 이 이야기를 하는 까닭이 있습니다. 사탄은 어떻게 해서든 하나님 나라의 일을 방해합니다. 언약적 도전을 하지 못하도록 아주 다양하게 집중 공격합니다. 영적 무력감, 좌절감 속에 빠지도록 합니다. 하지만 우리는 사탄에게 속지 말아야 합니다. 강단과 소통하며 기도의 힘으로 사탄을 꺾어야 합니다. 영적 세계의 무한한 힘을 가지고 현장으로 나아가야 하는 것입니다. 복음의 힘, 말씀의 힘, 기도의 힘으로 완전 Oneness를 이루고 여러분의 동역자와 3인 1조를 이루어 복음 운동을 해 나가시기 바랍니다. 이를 통해 모든 독자 여러분이 하나님 나라 확장의 주역이 되시기를 예수 그리스도의 이름으로 축복합니다.

07

내 인생의
절대 가치!

¹끝으로 나의 형제들아 주 안에서 기뻐하라 너희에게 같은 말을 쓰는 것이 내게는 수고로움이 없고 너희에게는 안전하니라 ²개들을 삼가고 행악하는 자들을 삼가고 몸을 상해하는 일을 삼가라 ³하나님의 성령으로 봉사하며 그리스도 예수로 자랑하고 육체를 신뢰하지 아니하는 우리가 곧 할례파라 ⁴그러나 나도 육체를 신뢰할 만하며 만일 누구든지 다른 이가 육체를 신뢰할 것이 있는 줄로 생각하면 나는 더욱 그러하리니 ⁵나는 팔일 만에 할례를 받고 이스라엘 족속이요 베냐민 지파요 히브리인 중의 히브리인이요 율법으로는 바리새인이요 ⁶열심으로는 교회를 박해하고 율법의 의로는 흠이 없는 자라 ⁷그러나 무엇이든지 내게 유익하던 것을 내가 그리스도를 위하여 다 해로 여길뿐더러 ⁸또한 모든 것을 해로 여김은 내 주 그리스도 예수를 아는 지식이 가장 고상하기 때문이라 내가 그를 위하여 모든 것을 잃어버리고 배설물로 여김은 그리스도를 얻고 ⁹그 안에서 발견되려 함이니 내가 가진 의는 율법에서 난 것이 아니요 오직 그리스도를 믿음으로 말미암은 것이니 곧 믿음으로 하나님께로부터 난 의라 _빌립보서 3:1~9

믿음의 직진

 사람은 자기가 절대적으로 가치를 두는 것이 무엇이냐에 따라 마음, 생각, 행동 등 삶의 모습이 달라집니다. 물질에 절대 가치를 두고 있는 사람은 수단과 방법을 가리지 않고 오로지 돈을 버는 데에 몰입하여 창세기 6장의 물질 중심의 삶을 살아갑니다. 명예, 권력에 최고의 가치를 두는 사람은 그것을 얻기 위해 자신의 전부를 투자하는 창세기 11장의 세상 성공 중심의 삶을 살아갑니다. 그런데 이런 삶의 종착역은 어디일까요? 바로 무너질 수밖에 없는 바벨탑입니다. 높이 쌓으면 쌓을수록 상실감이 커집니다. 그래서 극단적으로 어리석은 선택을 하는 사람들이 나오는 것입니다. 이런 사탄의 간계에 얼마나 많은 사람들이 당하고 있습니까? 우리는 여기에 결코 속아서는 안 됩니다.

 앞의 성경 말씀을 보면 사도 바울이 붙잡고 언약적 도전을 했던 절대 가치가 나옵니다. 바울은 오직 예수 그리스도만이 자기 인생의 절대 가치라고 고백했습니다. 바울은 "예수 그리스도를 아는 것이 가장 고상한 지식이다. 예수 그리스도 외에는 전부 다 배설물로 여긴다"는 표현을 사용하면서 이 사실을 강조하고 있습니다. 바울이 앞의 성경 말씀을 통해 예수 그리스도만을 집중적으로 강조한 이유가 있습니다. 당시 빌립보교회 안에 율법주의자들이 침입해서 복음의 순수성, 예수 그리스도의 유일성을 희석하고 있었기 때문입니다. 마치 율법을 지키는 것에 구원이 있는 것처럼 속이면서 영적으로 혼란스럽게 만들었습니다.

 예나 지금이나 사탄의 절대 목표는 교묘하게 예수 그리스도만 놓치도록 하는 것입니다. 예수 그리스도를 놓치게 되면 그 순간 사탄이 그 삶의 조종간을 잡게 되고, 절대 복음이 아닌 것에 마음을 두고 세월을 허송하도록 만듭니다. 그래서 우리가 영적으로 깨어 파수꾼의 삶을 살아가야 하는 것입니다. 예수 그리스도가 내 인생의 절대 가치라는 사도 바울의 고백이 여러분의 고백이 되어야 합니다. 그럼으로써 어떠한 사탄의 공격에도 흔들리지 않고 믿음의 직진을 하여야 할 것입니다.

그리스도 예수만 자랑하는 인생

 끝으로 나의 형제들아 주 안에서 기뻐하라 너희에게 같은

말을 쓰는 것이 내게는 수고로움이 없고 너희에게는 안전하니라 _빌립보서 3:1

앞의 성경 말씀에 나오는 '끝으로'라는 표현을 보면 사도 바울이 마치 빌립보서의 말씀을 끝내려는 것처럼 여겨집니다. 하지만 빌립보서는 여기서 끝나지 않고 두 장이 더 기록되어 있습니다. 그래서 '끝으로'라는 표현은 결론을 낸다는 표현이 아니라 아주 중요한 내용을 언급하겠다는 매우 사도 바울적인 표현이라고 할 수 있습니다.

사도 바울이 강조한 것은 다른 것이 아니라, "주 안에서 기뻐하라"는 것이었습니다. 주 안에서 기뻐하는 삶이 바로 빌립보서의 전체 주제라고 할 수 있습니다. 구원받은 성도의 가장 큰 특징이 바로 기쁨입니다. 그렇기 때문에 기쁨 없는 신앙생활은 할 이유가 없습니다.

이렇게 주 안에서 기뻐하는 삶을 살기 위해서 중요한 것은 바로 삼갈 것들과 바르게 행해야 할 것들을 분별하는 것입니다. 사도 바울은 이 사실을 빌립보교회 성도들에게 반복적으로 강조합니다. 그래서 "너희에게 같은 말을 쓰는 것이 자신에게는 수고로움이 없고, 너희에게는 안전하다"고 말하고 있습니다. 같은 말을 여러 번 한다고 귀찮게 생각하지 말고, 너희를 위한 말이니 잘 새겨들으라는 것입니다. 바울이 이렇게 복음의 진리를 반복하는 것은 당시 빌립보교회 안에 율법주의자들이 파고들어 와서 거짓된 가르침으로 이들을 미혹했기 때문입니다. 사도 바울은 이들을 향해 아주 과격한 표현으로 경고합니다.

> 개들을 삼가고 행악하는 자들을 삼가고 몸을 상해하는 일을 삼가라 _빌립보서 3:2

사도 바울은 율법주의자들을 향해 '개', '행악하는 자', '몸을 상해하는 자'라고 표현하고 있습니다. 여기서 개는 우리가 좋아하는 반려견이 아닙니다. 떼를 지어 떠돌아다니며 자기들끼리 싸우고 행인들을 공격하는 난폭한 들개들을 말합니다. 그래서 경멸스러운 존재를 지칭할 때 이런 표현을 씁니다. 바울은 지금 율법을 지킴으로써 구원을 얻을 수 있다고 속이고 있는 율법주의자들의 모습이 그와 같다는 것입니다.

율법주의자들이 주장하는 것은 할례였습니다. 앞의 성경 말씀에 "몸을 상해하는 일을 삼가라"고 되어 있는 말은 이전 성경에서 "손할례당을 삼가라"로 번역되어 있었습니다. 이는 거짓 할례자들, 형식적인 할례를 주장하는 자들을 가리킵니다. 빌립보교회는 할례를 받지 않은 이방인 출신 성도들이 많았습니다. 그래서 율법주의자들은 자신들은 육신적 할례를 통해 하나님의 백성이 되었다고 자랑하면서 할례를 받지 않은 이방인 출신 성도들을 정죄하고 괴롭혔습니다. 사도 바울은 이것이 하나님의 말씀에 합당하지 않다는 것을 분명히 밝힌 것입니다.

> 하나님의 성령으로 봉사하며 그리스도 예수로 자랑하고 육체를 신뢰하지 아니하는 우리가 곧 할례파라 _빌립보서 3:3

 육체적 할례가 중요한 것이 아니라 영적인 할례를 받는 것이 본질이라는 것입니다. 신명기 10장 16절을 보면 "너희는 마음에 할례를 행하고"라고 밝히고 있으며, 예레미야 4장 4절에 보면 "…너희는 스스로 할례를 행하여 너희 마음 가죽을 베고 나 여호와께 속하라…"고 강조하고 있습니다. 살점을 떼어내는 것이 중요한 것이 아니라 진정한 언약 백성이 되는 것이 본질이며, 이것이 성경이 말하는 할례라는 것입니다. 사실 예수 그리스도를 통해 이미 모든 율법은 다 완성되었기 때문에 그 예수 그리스도를 믿는 우리는 모든 율법 기준에서 해방되었습니다. 이제 예수 그리스도 안에서 새롭게 이루어진 재창조의 질서 속에 있습니다. 그래서 사도 바울은 우리가 자랑할 것은 예수 그리스도밖에 없다는 것을 말하고 있는 것입니다.

사실 율법주의자들의 모습을 보면 결국 자기 의를 드러내는 행동을 합니다. 하나님의 은혜를 가볍게 여기고 자신의 행위를 통해 자기를 자랑하는 것에 열을 올립니다. 그래서 나오는 것이 다른 사람을 정죄하고 비판하는 것입니다. 다른 사람을 은근히 깎아내려야 자기가 돋보인다고 여기기 때문입니다. 그런데 잘 보아야 할 것이 이런 삶에는 기쁨이 없습니다. 율법적으로만 따지는 율법주의는 기쁨을 죽이게 됩니다. 결과적으로 율법적 체질을 가지고 살면 자신은 말할 것도 없고 상대방도 죽이는 것입니다. 우리는 자기 자신과 상대방을 죽이는 것이 아니라 절대적으로 살리는 복음 체질이 되어야 할 것입니다.

사도 바울은 이처럼 참된 기쁨을 누리며 서로를 살리는 방법에 대한 답을 줍니다. 바로 하나님의 성령으로 봉사하고, 그리스도 예수만 자랑하는 것입니다. 어떻게 해야 참된 기쁨을 누리는 삶을 살 수 있을까요? 그것은 우리의 힘으로 되지 않습니다. 주의 성령께서 함께하시는 '오직 성령 충만'을 힘입어야 합니다. 성령 충만 속에서 우리의 마음과 생각, 입술로 그리스도 예수만 드러내면 됩니다. 그런데 자꾸만 자기 자신을 드러내려고 하니까 기쁨이 사라지는 것입니다. 여러분, 오직 성령으로 충만하여 그리스도 예수만 드러내는 신앙생활을 함으로써 참 기쁨 인생을 살아가시기 바랍니다.

오직 그리스도로 결론 난 인생

그러나 나도 육체를 신뢰할 만하며 만일 누구든지 다른 이가 육체를 신뢰할 것이 있는 줄로 생각하면 나는 더욱 그러하리니 나는 팔일 만에 할례를 받고 이스라엘 족속이요 베냐민 지파요 히브리인 중의 히브리인이요 율법으로는 바리새인이요 열심으로는 교회를 박해하고 율법의 의로는 흠이 없는 자라 _빌립보서 3:4~6

사도 바울은 빌립보교회 성도들에게 좀 더 사실적으로 이해를 돕고 있습니다. 자신의 과거를 언급하면서 지금 율법주의

자들이 자랑하는 것 이상으로 자신이 그런 삶을 살았다는 것을 밝힙니다. 사실 사도 바울은 이 땅에서 성공할 수 있는 최고의 스펙을 가졌습니다. 더군다나 율법의 의로는 흠이 없는 자라고 고백할 정도로 율법을 지키는 데 타의 추종을 불허하던 사람이었습니다. 그런데 이런 율법적 가치 기준이 예수 그리스도를 만난 이후 완전히 바뀌게 된 것입니다.

> 그러나 무엇이든지 내게 유익하던 것을 내가 그리스도를 위하여 다 해로 여길뿐더러 또한 모든 것을 해로 여김은 내 주 그리스도 예수를 아는 지식이 가장 고상하기 때문이라 내가 그를 위하여 모든 것을 잃어버리고 배설물로 여김은 그리스도를 얻고 그 안에서 발견되려 함이니 내가 가진 의는 율법에서 난 것이 아니요 오직 그리스도를 믿음으로 말미암은 것이니 곧 믿음으로 하나님께로부터 난 의라
>
> _빌립보서 3:7~9

앞의 성경 말씀은 바울의 체험적 고백입니다. 바울은 다메섹 도상에서 예수 그리스도를 만난 이후 과거 자신의 배경들이 더 이상 최고의 가치, 자랑거리가 되지를 못했습니다. 전에는 그렇게 소중하던 율법적 배경들이 이제는 오히려 자신에게 손해가 되는 배설물로 여겨졌습니다. 그리스도 밖에 있었을 때의 것들이 그리스도 안에서는 오히려 방해거리가 되

고 아무런 유익이 없다는 것입니다. 그러면서 그리스도 예수를 아는 지식이 가장 고상한 지식이라고 선포하고 있습니다. '가장 고상하다'는 말은 헬라어로 '휘페레콘'이라고 하는데, 이 말은 '탁월하다', '능가하다'라는 의미가 있습니다. 모든 것 위에 존재하는 것이고, 다른 어떤 것과 비교할 수 없다는 것입니다. 이는 결국 자기 인생의 절대 가치가 바로 예수 그리스도라는 고백입니다. 한 마디로 사도 바울은 오직 그리스도로 결론 난 인생을 산 것입니다.

신약학자이자 탁월한 성경 주석가였던 윌리엄 헨드릭슨은 여기에 대해 이렇게 표현했습니다.

"솟아오르는 태양 앞에서 모든 별이 꼬리를 감추듯이, 크고 값진 진주 앞에 모든 보석들이 광채를 잃어버리듯이, 바울에게 있어서는 그리스도와의 깊은 교제 앞에서 그 밖의 모든 것들이 빛을 잃었다."

사도 바울의 눈에는 세상의 그 어떤 것도 눈에 들어오지 않고 그리스도 예수밖에 보이지 않았다는 것입니다. 그리스도 예수가 여러분에게도 이런 존재가 되기를 바랍니다.

앞의 성경 말씀을 보면, 사도 바울은 이제 자신은 예수 그리스도를 얻고, 그 그리스도 안에서 발견되기를 원한다고 밝히고 있습니다. 이것이 무슨 말일까요? 이는 자신이 예수 그리스도와 교제하며, 예수 그리스도를 통해 하나님께서 주신 의의 가치를 체험하는 삶을 살기 원한다는 것을 말합니다. 다시 말해 십자가 대속과 부활의 권능을 힘입는 삶을 살고 싶다는 것입니다. 이는 결국 마음껏 복음을 증거하고 싶다는 고백과 같습니다. 사도행전 20장 24절에 이런 그의 간절한 열망이 담겨 있습니다. "내가 달려갈 길과 주 예수께 받은 사명 곧 하나님의 은혜의 복음을 증언하는 일을 마치려 함에는 나의 생명조차 조금도 귀한 것으로 여기지 아니하노라" 이렇게 결론이 나면 거칠 것이 없습니다. 여러분도 사도 바울처럼 오직 그리스도로 결론 난 인생을 살아가는 그리스도의 절대 제자가 되시기 바랍니다.

성취의 축복

기독교 복음의 정수를 명료하게 전하는 현대의 고전이라 불리며, 수많은 기독교 지도자들로부터 성경 다음으로 중요한 책이라고 격찬을 받고 있는 책이 있습니다. 바로 제임스 패커 교수가 쓴 「하나님을 아는 지식」입니다. 이 책에는 하나님의 속성과 그 속성이 우리 삶에 미치는 영향에 대한 성경적 교리가 지금 시대의 필요에 맞추어 새롭게 풀이 되어 있습니다. 패커 교수는 이 책을 통해 하나님을 아는 지식의 경이로움과 영광, 기쁨을 누리는 삶이 무엇인지 답을 줍니다. 특히 그는 이 책을 통해 하나님을 아는 지식이 있는 사람은 네 가지 특징이 있다고 밝히고 있습니다. '하나님을 위한 엄청난 열정, 하나님에 대한 위대한 생각, 하나님을 위한 담대한 행동, 하나님 안에서의 커다란 만족'이 바로 네 가지 특징입니다.

이는 그리스도 예수가 자기 인생의 절대 가치임을 깨달은 자의 삶에 나타나는 증거입니다. 이런 사람에게는 복음을 향한 엄청난 열정이 있습니다. 그러면 하나님께서 시대적으로 주시는 언약을 깨닫게 되는데 그것이 바로 하나님에 대한 위대한 생각입니다. 이를 통해 복음 운동의 주역으로 서는 것이 바로 하나님을 위한 담대한 행동입니다. 이 언약을 붙잡고 담대하게 실현해 나갈 때 하나님 안에서의 커다란 만족을 얻게 되는 것입니다. 모든 독자 여러분이 그리스도 예수가 인생의 절대 가치임을 깨닫고, 언약적 열정 속에서 성취의 축복을 사실적으로 체험하게 되시기를 예수 그리스도 이름으로 축복합니다.

08
내 인생의
절대 목표!

[10]내가 그리스도와 그 부활의 권능과 그 고난에 참여함을 알고자 하여 그의 죽으심을 본받아 [11]어떻게 해서든지 죽은 자 가운데서 부활에 이르려 하노니 [12]내가 이미 얻었다 함도 아니요 온전히 이루었다 함도 아니라 오직 내가 그리스도 예수께 잡힌 바 된 그것을 잡으려고 달려가노라 [13]형제들아 나는 아직 내가 잡은 줄로 여기지 아니하고 오직 한 일 즉 뒤에 있는 것은 잊어버리고 앞에 있는 것을 잡으려고 [14]푯대를 향하여 그리스도 예수 안에서 하나님이 위에서 부르신 부름의 상을 위하여 달려가노라 _빌립보서 3:10~14

가슴 뛰는 신앙생활

우리는 두근두근 가슴 뛰는 신앙생활을 해야 합니다. 교회에 나와 말씀을 받을 때 기대와 설렘으로 가슴이 뛰어야 하는 것입니다. 하나님께서 어떤 말씀을 주실지, 삶을 어떻게 인도해 주실지 기대감으로 가득 차야 합니다. 그래야만 삶 속에 생명적 역동이 일어나게 됩니다.

사도 바울의 삶이 그러했습니다. 부활하신 예수 그리스도를 만난 이후 그의 삶은 두근두근하는 삶, 가슴이 뛰는 삶을 살았습니다. 사실 그전까지는 율법으로 충만해서 예수 믿는 사람을 핍박하는 일에 집중했습니다. 디모데전서 1장 13절을 보면, 사도 바울은 자신의 과거 모습에 대해 비방자요, 박해자요, 폭행자였다고 세 단어로 표현하고 있습니다. 그런 그의 삶에 기쁨이 있을 수 있었을까요? 그는 설렘과 두근거림이 전혀 없는 삶을 살았을 것입니다. 그랬던 바울이 예수 그리스도를 만나고 나니까 그 삶이 180도 달라진 것입니다. 예수 그리스도 안에 감추어진 놀라운 비밀이 무엇인지 체험해 가는 그 삶의 매 순간이 설렘 그 자체였고, 기대가 가득한 삶을 살았습니다. 우리도 바울처럼 가슴 뛰는 신앙생활을 해나가야 할 것입니다.

 지난 챕터에서 사도 바울은 그리스도 예수를 아는 지식이 가장 고상한 최고의 가치라고 고백했습니다. 히브리적 사고에서 그리스도 예수를 안다는 것은 단순히 지식적으로 아는 것에 그치지 않습니다. 체험적인 지식을 가리키는 것으로, 예수 그리스도를 깊이 묵상하면 할수록 그 안에 감추어져 있는 지혜와 지식의 모든 보화가 무궁무진하다는 것을 말합니다. 이 예수 그리스도와 함께하는 축복을 삶 속에서 온전히 체험하니 그 어떤 것도 문제가 되지 않았던 것입니다. 오직 예수 그리스도만이 자신의 전 생을 걸 만한 가치가 있음을 발견하고 나니 세상의 서론적인 것들은 전혀 눈에 들어오지 않았습니다. 초월적인 응답을 누리게 되었던 것입니다.

 그리고 이어지는 이번 챕터를 통해서는 자기 인생의 절대 목표가 무엇인지를 선포하고 있습니다. 자기 인생의 절대 가치를 발견했기 때문에 이제는 절대 가치이신 예수 그리스도를 위해 일심, 전심, 지속할 절대 목표를 세운 것입니다. 사도 바울은 앞의 성경 말씀에서 자신이 세운 절대 목표에 대해 구체적으로 밝히고 있습니다. 이를 통해 모든 독자 여러분이 사도 바울이 세운 절대 목표와 그 목표를 향해 어떻게 믿음의 도전을 했는지에 대한 분명한 답을 얻게 되시기를 바랍니다.

그리스도 예수께 붙잡힌 삶

> 내가 그리스도와 그 부활의 권능과 그 고난에 참여함을 알고자 하여 그의 죽으심을 본받아 어떻게 해서든지 죽은 자 가운데서 부활에 이르려 하노니 내가 이미 얻었다 함도 아니요 온전히 이루었다 함도 아니라 오직 내가 그리스도 예수께 잡힌 바 된 그것을 잡으려고 달려가노라
> _빌립보서 3:10~12

사도 바울은 자기 인생의 절대 목표가 그리스도 예수께 붙잡힌 삶을 사는 것임을 밝히고 있습니다. 앞의 성경 말씀에 나오는 "오직 내가 그리스도 예수께 잡힌 바 된 그것을 잡으려고 달려가노라"라는 이 고백은 다메섹 도상에서 부활하신 예수 그리스도를 만난 이후 자신은 예수 그리스도께 사로잡힌 상태가 되었고, 이제는 자기 의를 드러내려는 삶이 아니라 예수 그리스도의 뜻과 계획 속에 움직여지는 존재가 되었다는 것을 말합니다. 이를 위해 자신은 일심, 전심, 지속의

영적 자세를 가지고 달려간다고 이야기하고 있습니다.

사실 사람은 누구에게 사로잡혀 있느냐에 따라 그 운명이 달라집니다. 그런데 여기에서의 선택지는 두 가지뿐입니다. 예수 그리스도께 사로잡히느냐, 사탄 마귀에게 사로잡히느냐. 둘 중의 하나입니다.

세상의 불신자들은 스스로 아무리 부정해도 마귀에게 사로잡혀 있는 상태입니다. 요한복음 8장 44절에 보면 "너희는 너희 아비 마귀에게서 났으니 너희 아비의 욕심대로 너희도 행하고자 하느니라"고 분명히 말씀하고 있습니다. 하나님 떠난 불신자는 마귀에게 사로잡혀 있으며 마귀가 하자는 대로 할 수밖에 없습니다. 그 결과 열두 가지 영적 문제 속에 사로잡혀 고통받고 살다가 영원한 멸망 길로 가게 됩니다.

하나님 떠난 인간은 눈에 보이지 않는 영적 문제, 어느 날 갑자기 찾아오는 영적 문제에 속수무책으로 당할 수밖에 없습니다. 온갖 세상 방법으로 해결해보려고 노력을 하지만 답이 없습니다. 아무리 도를 닦고 수행을 하고 굿을 해도 더 심각해질 수밖에 없는 것입니다. 늪에 빠져 허우적거리면 더 깊이 빠져 들어갈 수밖에 없는 것과 마찬가지입니다. 누군가 그를 밖에서 건져내 주어야 하는데, 그 손을 내밀어 주신 분이 바로 예수 그리스도이십니다. 예수가 그리스도로 오셔서 마귀의 모든 악한 일들을 완벽하게 멸하시고 그 증거로 부활하신 것입니다.

초대교회가 생명 걸고 전한 메시지도 바로 이 예수 그리스도의 십자가 대속과 부활의 메시지였습니다. 사도행전 1장 22절을 보면, 사도들은 배신한 가룟 유다를 대신해 새로운 사도를 뽑을 때 자신들과 함께 예수의 부활하심을 증거할 사람을 뽑겠다고 했습니다. 베드로가 사도행전 2장과 3장에 계속해서 메시지를 선포할 때에도 "너희가 죽인 그 예수가 그리스도이며, 그분이 부활하셨고, 우리가 이 일의 증인"이라는 사실을 강조했습니다. 이 부활 메시지가 선포된 현장에서 수천 명이 주님께 돌아오는 산 증거가 일어났습니다.

사도행전 9장을 사도 바울의 회심장이라고 합니다. 여기를 보면 그가 어떻게 변화되었는지에 대해 밝히고 있습니다. 그 핵심이 바로 다메섹 도상에서 부활하신 예수 그리스도를 만난 것이었습니다. 예수님을 만나기 이전까지 바울에게 있어서 예수 그리스도는 하나님을 모독하는 존재였습니다. 유대인들이 예수님을 십자가에 못 박으라고 한 결정적인 이유도 신성모독죄였습니다. 따라서 예수를 믿는 자들은 똑같이 신성모독죄로 잡아서 처리하는 것이 바울의 입장에서는 지극히 당연했던 것입니다. 그래서 바울은 다메섹에 있던 예수 믿는 자를 잡아들이기 위해 대제사장에게 공문을 요청하여 그곳에 가기도 했습니다. 그런데 그가 다메섹 도상에서 부활하신 예수 그리스도를 만난 이후 예수 그리스도에 대해 자신이 갖고 있던 모든 선입견, 편견, 고정관념이 무너지게 되었습니다.

이런 회심과 변화 이후 사도 바울은 지속적으로 예수 그리스도에 대해 알기를 원했습니다. 그리고 다메섹 사건이 발생한 후 30여 년이 지난 지금도 그렇다는 것입니다. 앞의 성경 말씀의 핵심은 부활하신 예수님과 더 깊은 소통 속으로 들어가고 싶다는 고백입니다.

사실 우리가 생각해 볼 때 사도 바울만큼 예수님과의 소통이 깊었던 인물이 없다고 해도 과언이 아닐 것입니다. 그런데 그런 사도 바울이 이런 고백을 한다는 것은 그만큼 예수 그리스도 안에 감추어진 비밀이 얼마나 크고 놀라운지를 보여줍니다.

 여기서 우리가 더 특별하게 보아야 할 것은 사도 바울이 그리스도의 부활을 먼저 언급하고 난 후에 그리스도의 고난을 말한다는 것입니다. 일반적으로 예수 그리스도의 십자가 고난을 먼저 언급한 후에 부활을 언급하는 것과는 정반대입니다. 이렇게 말한 이유는 바로 부활의 권능을 힘입어야 그리스도의 고난에까지 참여할 수 있다는 것을 말하고자 했기 때문입니다. 그리스도 예수께 붙잡힌 삶은 부활의 권능을 힘입을 때 이루어진다는 것입니다. 이는 지금까지 자신이 부활의 권능에 힘입어 사역을 해왔고, 앞으로도 그 힘의 능력으로 사역을 하겠다는 말입니다.

 부활의 권능이라는 것은 부활하셔서 지금 우리의 삶 가운데 역사하시는 그리스도의 능력을 말합니다. 이 부활의 권능은 하나님 자녀로 하여금 새로운 삶을 살도록 하는 능력이 있고, 참 소망의 삶을 살게 하는 힘이 됩니다. 이런 부활의 권능을 체험한 자는 사도 바울처럼 어떠한 환경 속에서도 좌절하거나 낙심하지 않고 믿음의 도전을 하게 되는 것입니다.

우리나라 최초로 목사 안수를 받은 7인 중 하나인 이기풍 목사는 평양 장대현교회에서 안수를 받은 뒤 제주도 선교사로 파송을 받았습니다. 당시 제주도는 지금과는 달리 해외나 마찬가지였습니다. 사용하던 언어도 많이 달랐고, 온갖 미신 숭배가 가득했던 곳이라 사역하기가 쉽지 않았습니다. 그런데 그때 아내인 윤함애 사모가 "우리가 가지 않으면 누가 그 불쌍한 영혼을 구원하겠소."라며 힘을 불어넣어 줬다고 합니다.

이기풍 목사 부부는 제주도에서 온갖 죽음의 위기를 넘나들면서 선교를 하여 나중에 이기풍 선교기념관이 세워질 정도로 많은 열매를 맺었습니다. 여기에 가면 윤함애 사모가 남긴 유언들이 기록돼 있습니다. 그 중에 눈에 띄는 것이 "5분 이상 예수님을 잊지 말라"는 내용입니다. 이는 예수 그리스도께 온전히 붙잡힌 삶을 살라는 것을 말합니다. 여러분도 예수 그리스도께 24시간 온전히 붙잡힌 삶을 살아감으로써 하늘 보좌의 축복을 사실적으로 체험하시기를 바랍니다.

부름의 상을 향한 언약적 도전

> 형제들아 나는 아직 내가 잡은 줄로 여기지 아니하고 오직
> 한 일 즉 뒤에 있는 것은 잊어버리고 앞에 있는 것을 잡으려
> 고 푯대를 향하여 그리스도 예수 안에서 하나님이 위에서
> 부르신 부름의 상을 위하여 달려가노라 _빌립보서 3:13~14

사도 바울은 자기 인생의 절대 목표가 무엇인지 구체적으로
밝히고 있습니다. 그 핵심은 푯대 신앙입니다. 푯대이신 그
리스도를 온전히 알아가는 것, 하나님이 위에서 부르신 부름
의 상을 위해 달려가는 것이었습니다. 앞의 성경 말씀에 기
록된 '달려가다'라는 말은 헬라어로 '디오코'라고 하는데, 두
가지 뜻이 있습니다. 하나는 사냥개가 먹잇감을 발견하고 전
심전력으로 달려가는 것이고, 또 하나는 마치 100m 단거리
선수가 오직 결승선만을 바라보며 전력 질주하는 모습을 말
합니다. 이 두 가지는 모두 절대로 한눈을 팔지 않고 목표물
을 향해 집중적으로 달려가는 모습을 나타냅니다. 한 마디로
예수 그리스도의 복음을 위해 올인, 집중하는 것입니다.

바울은 빌립보서 3장 13절에서 "형제들아 나는 아직 내가
잡은 줄로 여기지 아니하고 오직 한 일 즉 뒤에 있는 것은 잊

어버리고 앞에 있는 것을 잡으려고"라며 이런 올인, 집중의 삶을 위해 우선적으로 해야 할 것이 있음을 밝히고 있습니다. 믿음의 경주를 하는 사람은 더 이상 과거의 것에 매여 있어서는 안 된다는 것입니다. 누가복음 9장 62절에 보면, 예수님께서 "손에 쟁기를 잡고 뒤를 돌아보는 자는 하나님의 나라에 합당하지 아니하니라"고 말씀하고 있습니다. 과거에 집착하게 되면 성장을 이룰 수가 없게 됩니다. 우리는 과거에 성공한 것을 붙들고 교만할 필요도, 과거에 실패한 것을 붙들고 좌절할 필요도 없습니다. 고린도후서 5장 17절을 보면, "누구든지 그리스도 안에 있으면 새로운 피조물이라 이전 것은 지나갔으니 보라 새 것이 되었도다"라고 말씀하고 있습니다. 이제는 더 이상 과거에 발목이 잡혀서는 안 됩니다. 새로운 피조물, 즉 재창조를 통해 하나님의 형상을 회복한 존재로서 지금과 앞으로의 삶이 중요합니다. 지금 시작하면 되는 것입니다.

그런데 여기서 잘 보아야 할 것이 있습니다. 하나님께서 우리를 부르신 본질을 붙잡아야 한다는 사실입니다. 하나님께서 우리를 부르신 이유는 부려 먹기 위함이 아니라 상 주시기 위함임을 놓치지 말아야 합니다. 하지만 많은 사람들이 하나님의 일을 부담스러워합니다. 이는 속는 것입니다. 전지전능하신 하나님께서 뭐가 부족해서 우리를 힘들게 하시겠습니까? 우리가 보는 관점을 바꾸어야 합니다. 하나님께서 부르셔서 직분을 주시고 또 주의 일을 하게 하신 것은 상 주시기 위함임을 분명히 믿으시기 바랍니다.

사도 바울이 그 많은 핍박과 고통을 겪으면서 감옥에 갇혀 있었을 때에도 소망과 기쁨의 삶을 살았던 것은 장차 자신에게 주어질 영원한 상급을 믿었기 때문입니다. 히브리서 11장에는 믿음의 인물들의 명단이 기록되어 있습니다. 이를 일일이 언급하면서 전제로 한 말씀이 히브리서 11장 6절에 나옵니다. "믿음이 없이는 하나님을 기쁘시게 하지 못하나니 하나님께 나아가는 자는 반드시 그가 계신 것과 또한 그가 자기를 찾는 자들에게 상 주시는 이심을 믿어야 할지니라" 하나님께서는 우리에게 상 주시는 분이시라는 것을 나타내는 말씀입니다.

여기서 중요한 것이 있습니다. 우리에게 부름의 상을 위한 언약적 도전이 있어야 한다는 것입니다. "움직이지 않는 열정은 단지 뜨거운 열 덩어리에 불과하다."라는 말이 있습니다. 열정은 명사가 아니라 동사여야 합니다. 사전에 갇혀 있는 열정, 마음속에서만 끓다가 식어버리는 열 덩어리에 행동이라는 생명을 선물해야 합니다. 움직이시기 바랍니다. 지역, 민족, 세계를 살리기 위해 언약적 도전을 할 때 우리에게 영원한 상급이 임하게 될 것입니다.

전도율

교회에서 제일 좋아하는 금속이 무엇일까요? 금이라고 생각하는 이들이 많겠지만 정답은 은입니다. 은이 전도율이 높기 때문입니다. 은은 금속 중에서 열전도율과 전기전도율이 가장 높다고 합니다. 그렇다면 우리는 어떤 전도율이 높은 삶을 살아야 할까요? 바로 예수 전도율이 가장 높아야 합니다. 예수가 그리스도 인생 모든 문제 해결자 되신다는 참 복음의 진리를 전하는 것이 우리 인생의 절대 목표가 되어야 합니다.

사도 바울은 이 절대 목표를 정해 놓고 올인, 집중했습니다. 디모데후서 4장 7~8절에 보면, "나는 선한 싸움을 싸우고 나의 달려갈 길을 마치고 믿음을 지켰으니 이제 후로는 나를 위하여 의의 면류관이 예비되었으므로 주 곧 의로우신 재판 장이 그 날에 내게 주실 것이며 내게만 아니라 주의 나타나 심을 사모하는 모든 자에게도니라"라며, 자신이 실제 이런 삶을 살았고, 자신에게 예비된 상급이 있을 것임을 고백하고 있습니다. 사도 바울뿐 아니라 우리 모두에게도 이런 부름의 상이 예비되어 있음을 믿으시기 바랍니다. 모든 독자 여러 분이 부름의 상을 향한 언약적 도전을 통해 응답을 체험하게 되시기를 예수 그리스도의 이름으로 축복합니다.

09

내 인생의
절대 배경!

¹⁷형제들아 너희는 함께 나를 본받으라 그리고 너희가 우리를 본받은 것처럼 그와 같이 행하는 자들을 눈여겨 보라 ¹⁸내가 여러 번 너희에게 말하였거니와 이제도 눈물을 흘리며 말하노니 여러 사람들이 그리스도의 십자가의 원수로 행하느니라 ¹⁹그들의 마침은 멸망이요 그들의 신은 배요 그 영광은 그들의 부끄러움에 있고 땅의 일을 생각하는 자라 ²⁰그러나 우리의 시민권은 하늘에 있는지라 거기로부터 구원하는 자 곧 주 예수 그리스도를 기다리노니 ²¹그는 만물을 자기에게 복종하게 하실 수 있는 자의 역사로 우리의 낮은 몸을 자기 영광의 몸의 형체와 같이 변하게 하시리라

_빌립보서 3:17~21

영적 정체성

우리 인생은 우리 생각대로만 되지 않습니다. 오히려 자신이 원하는 방향이나 기대와는 다르게 흘러가는 경우가 많습니다. 인생을 살아가다 보면 자신이 생각지도 못했던 일들이 벌어지기도 하고 정말 피하고 싶은 일을 겪게 되기도 합니다. 이런 상황과 환경이 닥칠 때 하나님 자녀는 어떻게 해야 할까요? 다양한 문제와 사건 속에서 하나님 자녀 된 우리가 놓치지 말아야 할 중요한 영적 진리가 있습니다. 그것은 바로 구원받은 우리의 시민권이 하늘에 있다는 것입니다. 이것이 우리 인생의 절대 배경입니다.

사도 바울은 앞의 성경 말씀을 통해 이 사실을 강조하고 있습니다. 그는 "우리의 시민권은 하늘에 있는지라"라고 말하며, 우리가 천국시민권자라는 사실을 분명히 강조하고 있습니다. 그렇다면 우리가 언제, 어떻게 천국시민권을 받게 되었을까요? 이 질문에 대한 답이 에베소서 2장 4~6절에 나옵니다. "긍휼이 풍성하신 하나님이 우리를 사랑하신 그 큰 사랑을 인하여 허물로 죽은 우리를 그리스도와 함께 살리셨고 (너희는 은혜로 구원을 받은 것이라) 또 함께 일으키사 그리스도 예수 안에서 함께 하늘에 앉히시니" 우리가 예수 그리스도를 영접하는 바로 그 순간 하늘에 앉힌 바 되어 지금도, 앞으로도 영원히 천국 시민으로서의 삶을 살게 되었습니다.

 우리의 삶은 이미 완전히 보장되어 있습니다. 그런데 우리가 하나님 나라 백성이라는 영적 정체성, 즉 우리 인생의 절대 배경을 인식하고 사느냐 그렇지 않느냐에 따라 우리의 삶이 달라집니다. 하나님 나라 백성이라는 영적 정체성을 가지고 있으면 세상의 서론적인 것으로 인해 상처를 받거나 흔들리지 않게 됩니다. 문제와 사건 앞에 절망하거나 좌절하지 않으며, 영적인 본론을 붙잡고 언약적 도전을 하게 되는 것입니다.

 사도 바울의 삶이 그러했습니다. 자기 인생의 절대 가치이신 예수 그리스도를 발견하고 나니 그리스도 예수 외에는 모든 것이 배설물에 불과했던 것입니다. 보는 눈이 달라지고, 인생의 가치관, 세계관이 달라졌습니다. 이제는 절대 가치이신 예수 그리스도를 삶 전체에서 체험하며 그분을 드러내는 절대 목표를 가지고 언약적 도전을 했던 것입니다. 그리고 이러한 삶에는 하나님의 놀라운 상급이 있게 됩니다. 사도 바울은 천국 백성이라는 인생의 절대 배경을 가지고 위에서 부르신 부름의 상을 향해 달려갔습니다. 그러니 자유인으로 있을 때나 감옥에 갇혔을 때나, 죽도록 매를 맞고 온갖 위험에 처했을 때나, 어떤 상황도 문제가 되지 않았던 것입니다. 그것이 바로 보좌의 능력을 체험하는 삶입니다.

그리스도의 십자가

> 형제들아 너희는 함께 나를 본받으라 그리고 너희가 우리를 본받은 것처럼 그와 같이 행하는 자들을 눈여겨 보라
> _빌립보서 3:17

바울은 지금 빌립보교회 성도들에게 함께 자신을 본받으라고 말하고 있습니다. 앞의 성경 말씀에서뿐만 아니라 고린도전서 4장 16절, 고린도전서 11장 1절, 데살로니가후서 3장에서도 이와 같은 말을 합니다. 사도 바울이 스스로를 완벽한 인간이라고 생각해서 자신을 본받으라고 이런 표현을 썼을까요? 전혀 그런 의미가 아닙니다. 바울이 이런 표현을 사용한 이유가 고린도전서 11장 1절에 정확하게 나와 있습니다. "내가 그리스도를 본받는 자가 된 것 같이 너희는 나를

본받는 자가 되라” 다른 것을 본받으라는 것이 아닙니다. 정말 바울 자신이 가졌던 그리스도를 향한 그 뜨거운 가슴, 복음에 대한 열정을 본받으라는 것입니다.

빌립보서 3장을 시작하면서 사도 바울은 예수 그리스도가 가장 고상한 지식이라고 고백했습니다. 이 말은 예수 그리스도가 자기 인생의 절대 가치라는 것입니다. 그는 부활하신 예수 그리스도를 만나고 나서 이제까지 자기가 최고라 여겨왔던 모든 것들이 배설물에 불과했다는 것을 깨닫게 되었습니다. 이제는 이 예수 그리스도만을 바라보며 언약적 도전을 하고 있으니 그것을 본받으라는 것입니다. 이렇게 말하는 이유는 지금 빌립보교회 성도들 가운데 예수 그리스도가 아닌 다른 것에 시선이 꽂혀 있는 사람들이 있었기 때문입니다.

> 내가 여러 번 너희에게 말하였거니와 이제도 눈물을 흘리며 말하노니 여러 사람들이 그리스도의 십자가의 원수로 행하느니라 _빌립보서 3:18

사도 바울이 빌립보서를 통해 반복적으로 강조했던 기뻐하고 기뻐하라는 모습과는 전혀 상반된 내용입니다. 앞의 성경 말씀에 나오는 눈물을 흘린다는 표현은 단순히 눈물이 흘러내리는 모습이 아닙니다. 원어적으로 볼 때 심한 고통을 느끼며 소리 내서 우는 모습을 표현하는 말입니다. 이는 지금 빌립보교회 안에 그리스도의 십자가의 원수로 행하는 사람들이 있었기 때문이었습니다. 예수 그리스도의 십자가만이 구원의 유일한 길이라는 사실을 거부하고 율법적 행위를 강조하는 유대의 율법주의자들, 그리고 당시 타락한 로마 문화에 물들어 세상적 가치 기준에 근거한 삶을 사는 자들이 교회 안에도 있었습니다. 그들은 예수 그리스도가 십자가 상에서 다 끝내셨다는 테텔레스타이의 완전한 복음을 여전히 불완전하다고 하면서, 율법적 행위를 요구했습니다.

> 그들의 마침은 멸망이요 그들의 신은 배요 그 영광은 그들의 부끄러움에 있고 땅의 일을 생각하는 자라
> _빌립보서 3:19

바울은 십자가의 원수로 행하는 자들의 마침은 멸망이라고 밝히고 있습니다. 앞의 성경 말씀에 나오는 '그들의 신은 배'라는 것은 율법주의자들이 먹는 것을 가지고 구원과 연계시킨 것을 가리킵니다. 율법주의자들은 정결의 법, 특히 음식

을 가려 먹는 것에 몰두했는데, 구별된 음식을 먹는 것 자체를 구원과 연계시켰습니다. 또 '그들의 부끄러움'은 할례를 구원의 조건으로 삼는 것을 말합니다. 한마디로 이들이 영적인 본질을 놓치고 서론적인 것, 땅의 일을 생각하는 삶을 산 것입니다. 이들의 결국은 멸망인데, 문제는 이들이 자기들만 망하는 것이 아니라, 교회 안에서 믿음이 연약한 자들을 실족하게 만들고 있다는 점입니다. 믿음이 자라는 데 결정적인 방해 요소가 되었기 때문에 사도 바울은 언약적 한을 가지고 이 점을 지적했던 것입니다.

우리는 오직 예수 그리스도께서 십자가 상에서 이루시고 부활로 확증하신 그 유일성의 복음이 우리 인생의 절대 배경임을 놓치지 말아야 합니다. 사도 바울은 갈라디아서 1장 8절에서 자신이 전한 그리스도 예수의 복음 외에 다른 것을 전하면 하늘로부터 온 천사라도 저주를 받을 것이라고 강조했습니다. 그만큼 그리스도 예수의 십자가만을 바라보아야만 하는 것입니다. 그리스도의 십자가가 우리 인생의 절대 배경이며, 그리스도의 십자가 중심의 삶을 살 때 생명 살리는 자리로 나아가게 되어 있습니다.

천국시민권자

> 그러나 우리의 시민권은 하늘에 있는지라 거기로부터 구원
> 하는 자 곧 주 예수 그리스도를 그는 만물을 자기에게 복종
> 하게 하실 수 있는 자의 역사로 우리의 낮은 몸을 자기 영광
> 의 몸의 형체와 같이 변하게 하시리라 _빌립보서 3:20~21

사도 바울은 당시 로마시민권을 가장 가치 있게 생각하고 있던 빌립보 사람들의 가치 인식에 경종을 울렸습니다. 그것은 바로 천국시민권에 대한 부분이었습니다. 당시 빌립보에 살던 사람들 가운데에는 로마시민권자가 많았습니다. 그때는 로마시민으로 태어나지 않았을 경우엔 장기간 군에서 복무하거나, 많은 돈을 세금으로 내면 로마시민권을 얻을 수 있었습니다. 당시 로마시민권을 가지고 있으면 다양한 권리를 행사할 수 있었기 때문에 빌립보 사람들은 자신들이 로마의 시민인 것을 그렇게 자랑을 했었습니다. 오히려 로마 본토인보다 더 로마 사람처럼 행동했을 정도였습니다.

사도 바울은 당시의 사회상을 빗대어 우리의 시민권이 하늘에 있다는 사실을 강조합니다. 구원받은 하나님의 자녀는 천국시민권자이며, 이것이 우리 인생의 절대 배경이라는 것입

니다. 이는 빌립보 사람들이 로마시민권자인 것을 자랑스러워 하지만 우리의 시민권은 로마황제가 준 것과는 비교할 수 없는 하나님께서 주신 것이니 더 자랑스러워해야 한다는 의미입니다.

사도 바울은 율법주의자들의 거짓 진리와 세상 풍속에 흔들리고 있는 일부 빌립보교회 성도들을 일깨워 주었습니다. 앞의 성경 말씀에서 특히 눈여겨보아야 할 표현이 있습니다. "우리의 시민권은 하늘에 있는지라"는 표현은 시민권이 장차 하늘에 있게 될 것이라는 의미가 아니라 지금 이미 주어져 있다는 것을 말합니다.

우리는 천국시민권을 가지고 이 땅을 잠시 살아가는 것일 뿐입니다. 그렇기 때문에 우리의 모든 생각과 판단은 땅의 가치 기준이 아니라 천국 기준으로 이루어져야 합니다. 바울은 골로새서 3장 2절에서 "위의 것을 생각하고 땅의 것을 생각하지 말라"고 강조합니다. 천국 시민으로서 하나님 나라의 일에 모든 우선순위를 맞추고 믿음의 도전을 하라는 것입니다.

종교개혁가 마틴 루터는 그리스도인을 가리켜 '이상한 새'라고 불렀다고 합니다. 그리스도인은 절망의 시간에 확신의 노래를 부르는 희귀한 새이며, 슬픔의 시간에 믿음의 감격을 노래하는 이상한 새라는 것입니다. 자세히 보면 사도 바울이 이런 모습을 우리에게 보여 주고 있습니다. 감옥에 갇혔어도, 복음 때문에 심하게 매질을 당했어도, 죽을 위기에 처했어도 그는 절망에 사로잡히지 않았습니다. 오히려 기뻐하고 기뻐했습니다.

그런데 바울뿐만이 아니라 성경에 기록된 믿음의 인물들은 한결같이 이런 모습을 보이고 있습니다. 홍해 앞에 섰던 모세, 온갖 죽음의 위기 앞에 섰던 다윗, 사자굴 앞에 섰던 다니엘, 풀무불 앞에서 섰던 다니엘의 세 친구 등 이들은 오히려 하나님을 찬양하고 믿음의 고백을 했습니다. 그 이유가 어디에 있을까요? 이들은 자신이 천국 배경을 가졌다는 사실을 분명히 인식했기 때문입니다. 여러분도 어려움 속에서, 고난 속에서 오히려 기쁨과 소망의 노래를 부르는 이상한 새가 되시기를 바랍니다.

진정한 천국시민

크리스천 독립운동가였던 도산 안창호 선생은 우리 국민의 주인의식을 강조한 것으로 유명합니다. 그는 다음과 같은 말을 남긴 바 있습니다.

"묻노니 오늘 대한의 주인 되는 이가 몇이나 됩니까? 대한사람은 모두가 대한의 주인인데, 주인이 얼마나 되느냐고 묻는다면 이상할 것이외다. 그러나 오늘 대한사회에 주인다운 주인이 얼마나 있는지 알 수 없습니다. 잘되고 못 되는 것이 모두 나에게 달렸다는 강한 책임감을 가진 자가 진정한 주인이요, 무책임하게 방관하는 자는 손님이외다. 주변을 둘러보아 진정한 주인이 적다 싶으면 빨리 나부터 참 주인이 되도록 합시다."

사도 바울은 빌립보서 3장 17~21절 말씀을 통해 우리에게 진정한 천국시민으로서의 삶을 살고 있느냐고 질문하고 있습니다. 정말 여러분 인생의 절대 배경이 하늘에 있다는 사실을 분명히 깨닫고 거기에 걸맞은 삶을 살고 있느냐는 것입니다. 모든 독자 여러분이 천국의 가치 기준을 가지고 차원

이 다른 삶을 살게 되시기를 예수 그리스도 이름으로 축복합
니다.

10

주 안에 굳게 서는
인생!

¹그러므로 나의 사랑하고 사모하는 형제들, 나의 기쁨이요 면류관인 사랑하는 자들아 이와 같이 주 안에 서라 ²내가 유오디아를 권하고 순두게를 권하노니 주 안에서 같은 마음을 품으라 ³또 참으로 나와 멍에를 같이한 네게 구하노니 복음에 나와 함께 힘쓰던 저 여인들을 돕고 또한 글레멘드와 그 외에 나의 동역자들을 도우라 그 이름들이 생명책에 있느니라 ⁴주 안에서 항상 기뻐하라 내가 다시 말하노니 기뻐하라 ⁵너희 관용을 모든 사람에게 알게 하라 주께서 가까우시니라

_빌립보서 4:1~5

주의 진리 위에 굳건히 서는 삶

그러므로 나의 사랑하고 사모하는 형제들, 나의 기쁨이요
면류관인 사랑하는 자들아 이와 같이 주 안에 서라
_빌립보서 4:1

앞의 성경 말씀은 빌립보서 3장에 대한 결론적 요약인 동시에 4장에 기록된 사도 바울의 구체적 권면을 이행하는 데 있어 플랫폼이 되는 부분입니다. 바울은 3장을 통해 예수 그리스도를 믿기 전까지 가지고 있던 모든 옛 틀을 다 깨고 새 틀을 갖추어 언약적 도전을 해야 한다고 강조했습니다. 그는 자신의 삶을 간증하면서 새롭게 재창조된 인생의 절대 가치, 절대 목표, 절대 배경을 언급했습니다. 그러면서 "천국시민권을 가진 자로서 언약적 도전을 해 나가면 장차 예수 그리스도께서 재림하실 때 영광의 면류관을 받게 될 것이니 어떤 상황 속에서도 흔들리지 말라"는 메시지를 전했습니다. 당시 빌립보교회 안에는 유대교의 율법주의, 로마의 세속적 문화에 영향을 받은 이들이 제법 있었습니다. 그들을 향해 거기에서 빠져나와 주 안에 굳건히 서라고 외친 것입니다.

바울의 이 외침이 담긴 앞의 성경 말씀에서 눈여겨 볼 곳이 있습니다. 바로 "주 안에 서라"는 부분입니다. 여기서 중요한 것이 '주 안에'라는 표현입니다. 헬라어로는 '엔 퀴리오'라고 하는데 '주님의 뜻 안에서', '주님의 마음으로', '주님의 생각을 가지고', '주님과 동행하며' 등으로 해석할 수 있습니다. 바울은 이 표현을 반복적으로 사용하면서 주 안에서의 삶에 대해 강조합니다. 이는 철저하게 그리스도인다운 삶을 살라는 의미입니다. 그리고 '서라'는 단순히 '서 있으라'는 것이 아닙니다. 여기에 해당하는 헬라어는 '스테코'라는 군사용어입니다. 이 말은 전쟁 중에 침략하는 적을 막기 위해 자신의 진지를 굳게 지키고 있는 병사를 가리킬 때 사용했습니다. 당시 전투에서는 자신이 서 있는 줄이 무너지면 패배와 직결되었기 때문에 병사들은 목숨을 걸고 자리를 지켰습니다.

사도 바울이 "주 안에 서라"고 하는 것은 이처럼 생명을 걸고 예수 그리스도의 진리 위에 굳건히 서라는 것을 말합니다. '예수가 그리스도, 인생 모든 문제 해결자' 되신다는 참 복음의 진리, 예수 그리스도 외에는 구원자가 없다는 유일성의 진리는 우리가 생을 걸고 지켜야 할 영적 가치입니다. 그러므로 우리는 하나님의 전신 갑주를 입고 영적 싸움을 해야 합니다. 진리의 허리띠, 의의 호심경, 평안의 복음의 신, 믿음의 방패, 구원의 투구, 성령의 검으로 영적 무장을 하고 성령 안에서 기도하며 영적 싸움을 해 나가야 하는 것입니다.

주 안에서 같은 마음을 품는 삶

내가 유오디아를 권하고 순두게를 권하노니 주 안에서 같은 마음을 품으라 또 참으로 나와 멍에를 같이한 네게 구하노니 복음에 나와 함께 힘쓰던 저 여인들을 돕고 또한 글레멘드와 그 외에 나의 동역자들을 도우라 그 이름들이 생명책에 있느니라 _빌립보서 4:2~3

사도 바울은 예수 그리스도의 진리 위에 굳건히 서 있는 사람, 주 안에 서는 삶을 사는 사람들의 특징이 같은 마음을 품는 것임을 강조하고 있습니다. 그가 이렇게 "주 안에서 같은 마음을 품으라"고 힘주어 말하는 까닭이 무엇일까요? 당시 빌립보교회 안에는 유오디아와 순두게라는 두 사람이 하나 되지 못하고 분쟁 가운데 있었습니다. 빌립보교회는 사도행전 16장에 기록된 대로 루디아의 집을 모체로 세워진 교회입니다. 그리고 빌립보교회가 있던 마게도냐 지역은 역사적으로 여성들이 굉장한 자유를 가졌고, 사회적으로도 많은 활동

을 하였다고 합니다. 이런 문화적 성향으로 빌립보교회 안에
서도 여성들이 주도적으로 활동했는데, 그 대표적인 인물이
유오디아와 순두게였습니다. 쉽게 말해 교회 안에서 이 두
사람이 양대 산맥을 이뤄서 서로 주도권 싸움을 한 것입니
다.

 바울은 이런 상황 속에서 빌립보교회의 또 다른 지도자에게
유오디아와 순두게가 화해할 수 있도록 도와주라고 부탁합
니다. 그러면서 중요한 화해의 원리가 주 안에서 같은 마음
을 품는 것임을 강조했습니다. 주 안에서 사랑으로 하나 된
마음을 가지라는 것입니다. 사실 유오디아와 순두게는 바울
과 함께 복음을 위해 힘쓰던 자들이었습니다. 바울은 이들에
게 이런 초심을 잃지 말라고 말한 것입니다. 바울은 빌립보
서 4장 1절을 시작하면서 빌립보교회 성도들을 향해 "나의
사랑하고 사모하는 형제들"이라고 표현했습니다. 우리가 보
기에는 평범한 표현처럼 느낄 수 있지만, 원어적으로 살펴보
면 그렇지 않습니다.

 '형제'라는 말은 헬라어로 '아델포스'라고 하는데, 이 단어
는 '자궁'을 나타내는 말에서 나왔습니다. 다시 말해 형제들

이라는 말은 같은 자궁에서 태어난 사람을 의미하는 것으로, 우리는 영적인 한 가족이라는 것입니다. 이는 떼려야 뗄 수 없는 친밀함을 표현하는 단어입니다. 그렇게 영원한 관계 속에 있는 우리가 서로 하나 됨을 이루지 못한다면 그것만큼 안타까운 일이 없다는 것입니다. 우리가 신앙생활을 하고 교회에서 사역을 할 때에도 이런 하나 된 의식, 영적 한 가족 의식을 가지고 있는 것이 중요합니다. 그렇다면 어떻게 해야 주 안에서 같은 마음을 품을 수 있을까요?

> 주 안에서 항상 기뻐하라 내가 다시 말하노니 기뻐하라 너
> 희 관용을 모든 사람에게 알게 하라 주께서 가까우시니라
> _빌립보서 4:4~5

사도 바울은 주 안에서 같은 마음을 품는 삶을 살기 위해 중요한 것이 관용의 삶임을 밝히고 있습니다. 관용이란 남의 잘못을 너그럽게 용서해 주는 것이며, 마땅히 법적으로 주장할 수 있는 것을 주장하지 않는 태도를 말합니다. 쉽게 표현하면 상대방을 있는 그대로 받아들이는 것입니다. 우리가 영적으로 진리가 아닌 부분에 대해서는 과감히 옳고 그름을 가려야 하지만 그 외의 모습에 대해서는 관용의 자세가 있어야

합니다. 우리는 불완전한 존재이며, 서로가 공사 중인 상태입니다. 서로를 보듬어야 하는 존재이기 때문에 서로에 대한 관용의 자세가 필요합니다.

그렇다면 어떻게 관용의 삶을 살 수 있을까요? 바울은 "주 안에서 항상 기뻐하라 내가 다시 말하노니 기뻐하라"고 말하며, 그 비결이 주 안에서 기뻐하는 삶에 있음을 밝히고 있습니다. 주 안에서의 기쁨이 있는 사람, 모든 죄를 사함 받고 하나님의 자녀가 되었다는 근본적인 기쁨이 있는 사람이 관용의 삶을 살 수 있다는 것입니다. 자신의 삶 속에 예수 그리스도로 인해 기쁨이 충만해지면 설령 다른 사람이 잘못했더라도 기다려줄 수 있고 품을 수 있습니다. 이렇게 될 때 기쁨으로 하나 된 삶을 살 수가 있게 됩니다.

탈무드에 이런 이야기가 있습니다.

어떤 왕이 목동을 시켜 양들을 방목하여 키우게 했습니다. 그런데 어느 날 양을 닦았지만, 양이 아닌 짐승 한 마리가 양 떼 안에 끼어들었습니다. 목동은 이 짐승을 어떻게 처리해야 하나 고민하다가 왕에게 물었습니다. "임금님, 낯선 짐승 한

마리가 양 떼 속에 끼어들었는데 어떻게 하면 좋을까요?" 이 물음에 왕이 대답했습니다. "그 짐승을 특별히 잘 보살펴 주어라." 목동은 그 짐승을 내쫓아도 시원찮을 것 같은데 특별히 잘 돌보아 주라는 왕의 대답을 이해하지 못했습니다. 그러자 왕이 이런 말을 덧붙였습니다. "그 짐승은 전혀 다른 데서 자랐는데도 우리 양들과 함께 잘 어울리고 있으니 기특한 일이 아니냐?"

이처럼 우리는 누가 됐더라도 생명 살리는 복음적 시각을 가지고 모두를 품을 수 있어야 합니다. 복음적 시각으로 서로를 품어야 하는 것입니다. 이것이 주 안에서 같은 마음을 품는 삶이며, 이를 통해 기쁨으로 하나 된 삶을 살 수 있게 된다는 사실을 깨달으시기 바랍니다.

영적 분별력

영어에는 '선택'을 의미하는 두 가지 단어가 있습니다. 하나는 'Choice'이고, 다른 하나는 'Decision'입니다. Choice는 여러 가지 가운데 하나를 고른다는 뜻을 가지고 있고, Decision은 하나를 택하기 위하여 다른 것들을 버리는 결단의 의미가 있습니다. 우리가 주 안에 굳게 서는 삶을 사는 데 있어서 이 두 가지 부분이 정말 중요합니다. 예수가 그리스도 되신다는 유일성의 진리만을 골라내는 Choice, 그리고 복음에 합당하지 않은 다른 부분들은 과감히 버리기로 결단하는 Decision이 우리의 영적인 삶에 있어서 반드시 필요합니다.

로마서 12장 2절에도 "너희는 이 세대를 본받지 말고 오직 마음을 새롭게 함으로 변화를 받아 하나님의 선하시고 기뻐하시고 온전하신 뜻이 무엇인지 분별하도록 하라"고 말씀하고 있습니다. 이러한 영적 분별력은 강단의 말씀이 각인, 뿌리, 체질화되는 만큼 나오게 됩니다. 이 책을 읽는 모든 독자 여러분이 강단의 흐름을 따라가며 영적 분별력 있는 삶을 살아가게 되시기를 예수 그리스도의 이름으로 축복합니다.

기도가 이끄는
평강의 삶!

⁶아무 것도 염려하지 말고 다만 모든 일에 기도와 간구로, 너희 구할 것을 감사함으로 하나님께 아뢰라 ⁷그리하면 모든 지각에 뛰어난 하나님의 평강이 그리스도 예수 안에서 너희 마음과 생각을 지키시리라 ⁸끝으로 형제들아 무엇에든지 참되며 무엇에든지 경건하며 무엇에든지 옳으며 무엇에든지 정결하며 무엇에든지 사랑 받을 만하며 무엇에든지 칭찬 받을 만하며 무슨 덕이 있든지 무슨 기림이 있든지 이것들을 생각하라 ⁹너희는 내게 배우고 받고 듣고 본 바를 행하라 그리하면 평강의 하나님이 너희와 함께 계시리라 _빌립보서 4:6~9

평강을 누리는 삶의 비밀

예수님을 영접한 후에 나타나는 가장 큰 특징은 평강입니다. 평안이라고도 하는 이 평강이 마음속에 찾아오게 됩니다. 불신자 상태에서 세상 풍속에 찌들어 살다가 예수 그리스도를 영접하고 나서 사람들이 가장 많이 하는 첫 고백이 바로 평안입니다.

그런데 안타까운 것은 많은 이들이 이런 평강의 삶을 지속적으로 누리지 못한다는 것입니다. 순간순간 사탄에게 속아서 평강을 빼앗겨 버리고 맙니다. 염려와 근심, 불안과 두려움에 매몰되어 허우적거리는 성도들이 너무나 많습니다. 그래서 사도 바울은 지속적인 평강을 누리는 삶과 그러한 삶을 통해 어떻게 영적 영향력을 입혀 나가야 하는지에 대해 밝히고 있습니다. 이번 챕터에서는 지속적으로 평강을 누리는 삶의 비밀에 대해 이야기하도록 하겠습니다.

평강의 통로

아무 것도 염려하지 말고 다만 모든 일에 기도와 간구로, 너
희 구할 것을 감사함으로 하나님께 아뢰라 그리하면 모든
지각에 뛰어난 하나님의 평강이 그리스도 예수 안에서 너희
마음과 생각을 지키시리라 _빌립보서 4:6~7

사도 바울은 빌립보서 4장을 시작하면서 주 안에 굳게 서
는 삶에 대해 언급했습니다. 그러면서 "주 안에서 항상 기뻐
하라 내가 다시 말하노니 기뻐하라"며 빌립보서의 전체 주제
라고 할 수 있는 기쁨의 삶을 강조했습니다. 사도 바울이 이
렇게 반복적으로 기쁨에 대해 언급하는 이유는 역으로 볼 때
지금 주변에 펼쳐져 있는 환경이 결코 기뻐할 수 있는 상황
이 아니라는 것을 나타냅니다. 하지만 그런 상황 속에서도
기뻐할 수 있으려면 무엇보다 주 안에 있어야 한다는 사실
을 강조하고 있습니다. 예수가 그리스도라는 우리 인생의 절
대 가치와 천국시민권자라는 절대 배경을 놓치지 말라는 것
입니다. 그러면서 앞의 성경 말씀을 통해 더욱더 현실적으로
다가오는 염려와 근심의 문제에 대해 답을 주고 있습니다.

사도 바울은 우리가 창세기 3장의 현장 속에서 살아가는 동

안 염려가 찾아올 수 있다고 말합니다. 우리가 예수 그리스도를 영접하고 신앙생활을 한다고 해서 문제와 사건이 일어나지 않게 되는 것이 아닙니다. 오히려 어떤 면에서는 우리의 영적인 신분이 변화되었기 때문에 더 많은 일이 발생할 수 있습니다. 대체 왜 이렇게 되는 것일까요?

성경을 보면 인간을 두 가지로 구분하고 있습니다. 하나는 하나님의 자녀이고 다른 하나는 마귀의 자식입니다. 이 두 가지밖에 없습니다. 예수를 믿기 전에는 마귀의 자식이었습니다. 그러니 그냥 놔두면 그대로 멸망 길로 가기 때문에 마귀가 더 건드리지도 않았습니다. 그런데 예수 그리스도를 믿고 하나님 자녀가 되면 이제는 소속과 신분이 바뀐 것이니 마귀가 본격적으로 공격하는 것입니다. 평상시에는 그렇게 사이가 좋았던 불신 친척들과 주변 사람들을 통해서 자꾸만 일을 만들어 냅니다. 마음의 평안함을 빼앗고 염려와 근심이 일어날 일들을 계속 일으키는 것입니다.

이때 중요한 것이 바로 영적인 눈을 뜨는 것입니다. 하나님의 자녀로 한번 바뀐 영적 신분은 결코 다시 바뀌지 않습니다. 그렇기 때문에 사탄 마귀는 염려와 근심을 통해 하나님 자녀 된 신분과 권세를 누리지 못하도록 계속 속여서 주 안에서 주어진 기쁨을 누리지 못하게 만듭니다. 사실 염려라는 단어를 살펴보면 원어적으로 '찢다', '분열하다', '마음을 둘로 나누다'라는 의미가 있습니다. 두 마음을 품게 되는 것이 바로 염려입니다. 그래서 염려는 하나님의 절대주권을 믿지 못하는 불신앙의 산물입니다. 우리로 하여금 두 마음을 품게 하는 것, 하나님과 우리 사이에 끼어들어서 이간을 시키는 것이 바로 마귀의 주된 사역입니다.

우리는 여기에 맞서 영적인 대응을 해야 합니다. 우리의 싸움은 혈과 육을 상대하는 것이 아니라 악의 영들과 영적인 싸움을 하는 것입니다. 이것을 다른 말로 하면 기도입니다. 좀 더 구체적으로 말하자면 "감사함으로 기도를 하라"는 것입니다. 그러면 그 기도를 통해 하나님께서 주시는 평강이 임하게 되고, 그 평강이 여러분의 마음과 생각을 지키게 됩니다. 베드로전서 5장 7절을 보면, "너희 염려를 다 주께 맡기라 이는 그가 너희를 돌보심이라"고 되어 있습니다. 염려를 다 주께 맡기는 것이 바로 기도입니다. 그러면 하나님께서 돌보아주시고 책임져 주신다는 것을 믿으시기 바랍니다.

근심은 하나의 버릇이라고 합니다. 자꾸만 걱정하기 시작하면 그 걱정이 끊이지를 않는다는 것입니다. "어제의 비로 오늘의 옷을 적시지 말고, 내일의 비를 위해 오늘의 우산을 펴지도 말라."라는 말이 있습니다. 많은 사람들이 이미 지난 일, 아직 일어나지도 않은 일을 가지고 염려 속에 살아간다는 것입니다. 우리는 여기에 속지 말아야 합니다. 마태복음 6장 27절을 보면, 예수님께서 "너희 중에 누가 염려함으로 그 키를 한 자라도 더할 수 있겠느냐"고 하시고는 이어서 34절에 "그러므로 내일 일을 위하여 염려하지 말라 내일 일은 내일이 염려할 것이요 한 날의 괴로움은 그 날로 족하니라"고 결론을 내리셨습니다. 한 마디로 염려하지 말고 기도로 다 맡기라는 것입니다.

"그리스도인에게는 막다른 골목이란 없다. 기도의 자리만 있을 뿐이다."라는 유명한 말이 있습니다. 아무리 짙은 안개라 해도 태양이 뜨면 다 사라지게 되어 있습니다. 아무리 짙은 염려, 근심의 안개라도 빛 되신 예수 그리스도를 사실적으로 누릴 때, 그 이름으로 기도할 때 다 사라지게 되어 있습니다. 요한복음 14장 27절을 보면, 예수님께서 "평안을 너희에게 끼치노니 곧 나의 평안을 너희에게 주노라 내가 너희에게 주는 것은 세상이 주는 것과 같지 아니하니라 너희는 마음에 근심하지도 말고 두려워하지도 말라"고 말씀하셨습니다. 여러분, 기도를 통해 세상이 줄 수도 알 수도 없는 평안, 하나님으로부터 임하는 참 평강을 풍성히 누리시기를 바랍니다.

평강의 열매

> 끝으로 형제들아 무엇에든지 참되며 무엇에든지 경건하며 무엇에든지 옳으며 무엇에든지 정결하며 무엇에든지 사랑받을 만하며 무엇에든지 칭찬 받을 만하며 무슨 덕이 있든지 무슨 기림이 있든지 이것들을 생각하라 너희는 내게 배우고 받고 듣고 본 바를 행하라 그리하면 평강의 하나님이 너희와 함께 계시리라 _빌립보서 4:8~9

사도 바울은 빌립보서를 마무리해 가면서 마지막으로 권면할 내용을 언급하고 있습니다. 이 내용은 감사의 기도를 통해 하나님의 평강을 체험한 자들이 살아가야 할 삶의 모습, 평강의 삶을 사는 자들이 맺는 열매라고도 할 수 있습니다. 바울은 우리에게 참되고 경건하고 옳고 정결하라, 사랑과 칭찬을 받을만한 삶을 살라고 말합니다. 이런 삶을 통해 덕이 있고, 기림 즉 칭찬이 있는 삶을 살아야 한다고 강조합니다. 이것은 한 마디로 영육간의 규모 있는 삶을 말합니다.

앞의 성경 말씀을 보면, 사도 바울이 '무엇에든지'라는 표현을 반복적으로 사용하고 있습니다. 이 말은 '어떤 일을 만나든지', '누구를 만나든지', '어떤 형편에 처하든지'라는 의미입니다. 한 마디로 조건을 달지 말라는 것입니다. 상대방이 어떻게 나오든지, 어떤 형편에 처하든지 그리스도인은 하나님 앞에서 평강의 열매를 맺는 삶을 살아야 합니다. 그렇다면 과연 어떻게 해야 이런 삶을 살 수 있을까요? 이를 위해서는 하나님과의 영적 소통을 우선적으로 해야 합니다. 하나님과 올바른 관계가 맺어질 때 삶의 현장에서 다른 사람과의 관계 속에서도 사랑과 칭찬을 받을만한 삶을 살 수 있는 힘을 얻게 되기 때문입니다.

그리고 사도 바울은 빌립보교회 성도들에게 자신에게 배우고 받고 듣고 본 바를 행하라고 이야기하고 있습니다. 사도 바울은 그저 입으로만 권면을 했던 것이 아니라 자신이 그러한 삶을 살며 본을 보였던 것입니다. 그래서 빌립보교회 성도들은 바울에게 예수 그리스도에 대한 영적인 진리뿐 아니라 그리스도인으로서의 삶의 규모까지도 다 배울 수 있었습니다. 그리고 나서 이제 남은 것은 행함이었습니다. 실행의 단계까지 나아가야 열매를 맺게 되어 있습니다. 언약을 붙잡았으면 생명 살리는 삶, 영혼 구원하는 삶에 집중하고 도전해야 하는 것입니다. 여러분, 평강의 열매를 풍성히 맺는 삶을 위해 언약적 직진을 하시기 바랍니다.

기도의 권능

열정적 복음 전도자였던 레오나드 레이븐힐은 그의 저서 「부흥의 세대여, 통곡하라」에서 이런 말을 했습니다.

"오늘날 교회에서 가장 빈곤한 분야는 기도 분야이다. 교회를 조직하고 관리하는 사람은 많지만, 영적으로 고뇌하는 사람은 거의 없다. 헌금을 내는 사람은 많지만 기도하는 사람은 거의 없다. 찬양을 하는 사람은 많지만, 하나님께 매달리는 사람은 거의 없다. 역동적인 신앙생활의 두 가지 필수요소는 비전과 열정이다. 그런데 이 둘은 기도의 밀실에서 발생한다. 설교의 사역은 소수에게 열려 있지만, 기도의 사역은 모든 하나님의 자녀에게 열려 있다. 십일조는 교회를 세우지만, 기도의 눈물은 교회에 생명을 준다. 이것이 초대교회와 현대교회의 차이점이다. 현대교회는 돈 내는 것을 강조하지만, 그들은 기도하는 것을 강조했다. 우리가 돈을 낼 때는 땅을 살 수 있지만, 그들이 기도했을 때는 땅이 흔들렸다."

기도의 권능이 그만큼이나 크다는 것입니다. 여러분, 언약을 잡고 정시로, 무시로 기도하면 약한 자를 들어 강한 자를 부끄럽게 하시는 놀라운 하나님의 능력이 임할 것입니다. 기도는 인간의 무능을 하나님의 전능으로 연결시키는 통로가 된다는 사실을 놓치지 말아야 합니다. 기도는 영적인 대진표를 바꾸는 것입니다. 자신이 하는 것이 아니라 하나님의 스케일을 체험하는 응답 속으로 들어가는 것입니다. 모든 독자 여러분이 기도가 이끄는 참 평강의 삶을 통해 응답의 주역으로 서게 되시기를 예수 그리스도의 이름으로 축복합니다.

12
풍성한 기쁨의 삶!

¹⁰내가 주 안에서 크게 기뻐함은 너희가 나를 생각하던 것이 이제 다시 싹이 남이니 너희가 또한 이를 위하여 생각은 하였으나 기회가 없었느니라 ¹¹내가 궁핍하므로 말하는 것이 아니니라 어떠한 형편에든지 나는 자족하기를 배웠노니 ¹²나는 비천에 처할 줄도 알고 풍부에 처할 줄도 알아 모든 일 곧 배부름과 배고픔과 풍부와 궁핍에도 처할 줄 아는 일체의 비결을 배웠노라 ¹³내게 능력 주시는 자 안에서 내가 모든 것을 할 수 있느니라 ¹⁴그러나 너희가 내 괴로움에 함께 참여하였으니 잘하였도다 ¹⁵빌립보 사람들아 너희도 알거니와 복음의 시초에 내가 마게도냐를 떠날 때에 주고 받는 내 일에 참여한 교회가 너희 외에 아무도 없었느니라 ¹⁶데살로니가에 있을 때에도 너희가 한 번뿐 아니라 두 번이나 나의 쓸 것을 보내었도다 ¹⁷내가 선물을 구함이 아니요 오직 너희에게 유익하도록 풍성한 열매를 구함이라 ¹⁸내게는 모든 것이 있고 또 풍부한지라 에바브로디도 편에 너희가 준 것을 받으므로 내가 풍족하니 이는 받으실 만한 향기로운 제물이요 하나님을 기쁘시게 한 것이라 ¹⁹나의 하나님이 그리스도 예수 안에서 영광 가운데 그 풍성한 대로 너희 모든 쓸 것을 채우시리라 ²⁰하나님 곧 우리 아버지께 세세 무궁하도록 영광을 돌릴지어다 아멘 _빌립보서 4:10~20

능력 주시는 그리스도 예수

> 내가 주 안에서 크게 기뻐함은 너희가 나를 생각하던 것이
> 이제 다시 싹이 남이니 너희가 또한 이를 위하여 생각은 하
> 였으나 기회가 없었느니라 내가 궁핍하므로 말하는 것이 아
> 니니라 어떠한 형편에든지 나는 자족하기를 배웠노니 나는
> 비천에 처할 줄도 알고 풍부에 처할 줄도 알아 모든 일 곧
> 배부름과 배고픔과 풍부와 궁핍에도 처할 줄 아는 일체의
> 비결을 배웠노라 _빌립보서 4:10~12

사도 바울은 빌립보서를 마무리하면서 다시금 빌립보교회 성도들에게 감사의 표현을 하고 있습니다. 앞의 성경 말씀만으로는 잘 이해가 되지 않는데, 이어 나오는 14~18절에 보면 빌립보교회 성도들이 사도 바울의 선교를 위해 힘을 다해서 헌신한 것을 언급하고 있습니다. 빌립보교회가 있던 마게도냐를 떠날 때에도, 바울이 데살로니가에서 사역을 할 때에도, 지금 로마 감옥에 갇혀 있을 때에도 빌립보교회 성도들은 중심을 다해 전도자 바울을 위해 선교적 헌신을 하였습니다.

그는 이런 빌립보교회 성도들의 모습을 보면서 자신이 주

안에서 크게 기뻐한다고 표현하고 있습니다. 단순히 이들이 선교 헌금을 보내서 그런 것이 아니었습니다. 이들이 전도자를 도울 정도로 영적인 성장이 있었음을 보았기 때문입니다. 그 사람이 얼마나 자랐는가를 볼 수 있는 척도 중 하나는 자기중심에서 벗어나 다른 사람을 얼마나 생각할 줄 아는가를 보는 것입니다. 다른 사람을 위해 중보기도를 하고 있다면 그 사람은 성장한 것입니다. 불신 영혼을 주께 돌아오도록 도전하고 있다면 그 사람은 성장한 것입니다. 그리고 사람들이 그렇게 가장 소중하게 생각하는 물질을 복음을 위해 드린다는 것도 그만큼 영적으로 성장했다는 것입니다.

사도 바울은 이런 빌립보교회 성도들의 영적 성장에 대한 기쁨과 함께 어떤 상황 속에서도 풍성한 기쁨을 누리는 삶에 대해 언급을 하고 있습니다. "어떠한 형편에든지 나는 자족하기를 배웠노니 나는 비천에 처할 줄도 알고 풍부에 처할 줄도 알아 모든 일 곧 배부름과 배고픔과 풍부와 궁핍에도 처할 줄 아는 일체의 비결을 배웠노라"라며 자족의 삶을 이야기하고 있습니다. 자족한다는 말은 스스로 만족한다는 것입니다. 만족하다의 만은 찰 만(滿)자입니다. 그러면 무엇으로 꽉 차 있어야 만족할 수 있을까요?

대부분의 사람들은 돈으로 꽉 차면 만족할 것이라고 생각합니다. 어떤 사람은 명예, 권력, 지식이 그 자리를 차지할 것입니다. 또 병에 걸린 사람은 건강하기만 하다면 만족할 것이라고 말할 수도 있습니다. 하지만 이런 것들은 인간에게 결코 절대적 만족을 줄 수 없습니다. 부의 대명사였던 록펠러가 "조금만 더"라고 외쳤듯이 계속해서 뭔가 부족함을 느낄 수밖에 없습니다. 사도 바울은 우리에게 이런 일시적 만족이 아니라 절대적 만족을 주는 것이 무엇인지 정확하게 답을 주고 있습니다.

> 내게 능력 주시는 자 안에서 내가 모든 것을 할 수 있느니라
> _빌립보서 4:13

우리에게 절대적 만족, 풍성한 삶을 살게 하는 비결은 바로 내게 능력 주시는 자 곧, 그리스도이신 예수로 가득 차 있을 때 가능합니다. 오직 주님 한 분만으로 만족하고 있느냐가 풍성한 삶의 절대 기준이 됩니다. 사도 바울은 "자족하기를 배웠노니", "일체의 비결을 배웠노라"라며, 자신이 이런 삶을 살게 된 것이 어느 날 갑자기 된 것이 아니라 체험을 통해 배운 것이라고 말합니다.

여기서 '배우다'는 원어적으로 '비밀을 전수받다'는 의미가 있습니다. 유명한 요리사가 음식을 만들 때 특별한 맛을 내는 방법이나, 장인이 작품을 만들 때 특별한 기능을 가지고 있는 것은 아무에게나 전달해 주지 않습니다. 자신의 수제자 같은 사람에게만 가르쳐 주는데, 다른 사람이 모르도록 아주 비밀스럽게 가르쳐 줍니다. 사도 바울이 이 표현을 쓴 이유가 있습니다. 바로 자신이 온갖 어려움과 역경과 죽음의 위기에 처했을 때 예수 그리스도와 진정한 소통을 이루었다는 것입니다. 주님이 항상 함께함을 체험하였고 그래서 모든 환경을 뛰어넘을 수 있었던 것입니다.

여러분이 인생에 있어서 순풍에 돛을 단 것처럼 잘 나가고 있든지, 아니면 역풍을 만나 힘겨운 상태에 있든지 어떤 상황 속에서도 주님과 소통하는 체험을 하며 오직 그리스도가 된다면, 사도 바울처럼 당당한 결론적 고백을 할 수 있게 됩니다. "내게 능력 주시는 자 안에서 내가 모든 것을 할 수 있느니라"는 이 고백을 우리는 잘 보아야 합니다. 많은 사람들이 이 고백의 전반부는 눈여겨보지 않고 후반부에만 초점을 맞춥니다. 내가 모든 것을 할 수 있다는 창세기 3장의 자기중심적 삶을 사는 것입니다. 오직 그리스도로 향해야 할 시선이 나로 바뀌게 되는 순간, 영적인 삶은 무너지게 되어 있습니다.

우리는 속지 말아야 합니다. "내가 모든 것을 할 수 있다"는 것에 앞서 "내게 능력 주시는 자"를 먼저 보아야 합니다. 오직 그리스도가 각인되어야 하는 것입니다. 그럼으로써 오직 하나님의 나라 확장에 인생의 방향을 맞춰야 합니다. 이를 통해 오직 성령 충만의 삶을 살아 가는 것입니다. 그래서 사도 바울은 서신서를 쓸 때마다 '그리스도 안에서', '주 안에서'를 그렇게 강조했습니다. 여러분, 사도 바울처럼 어떤 상황 속에서도 오직 그리스도를 바라보고 붙잡고 소통하며 그 안에 담겨져 있는 영적인 풍요함을 사실적으로 맛보시기 바랍니다.

모든 쓸 것을 채우시는 하나님

빌립보 사람들아 너희도 알거니와 복음의 시초에 내가 마게 도냐를 떠날 때에 주고 받는 내 일에 참여한 교회가 너희 외에 아무도 없었느니라 데살로니가에 있을 때에도 너희가 한 번뿐 아니라 두 번이나 나의 쓸 것을 보내었도다 내가 선물을 구함이 아니요 오직 너희에게 유익하도록 풍성한 열매를

구함이라 내게는 모든 것이 있고 또 풍부한지라 에바브로디
도 편에 너희가 준 것을 받으므로 내가 풍족하니 이는 받으
실 만한 향기로운 제물이요 하나님을 기쁘시게 한 것이라
_빌립보서 4:15~18

 사도 바울은 빌립보교회 성도들의 헌신을 언급하면서 그것
이 하나님께 드린 향기로운 제물이며 하나님을 기쁘시게 한
것이라고 표현을 하고 있습니다. 향기로운 제물이라는 말은
하나님께서 받으셨다는 의미가 담겨 있습니다. 여러분들이
하나님 나라 확장을 위해, 복음 사역을 위해 드린 물질을 하
나님께서는 일일이 다 기억하십니다.

 사도 바울은 빌립보교회 성도들에게 이런 헌신이 결코 헛되
지 않는다는 사실을 17절에서 강조하고 있습니다. 여기에 언
급된 '유익', '풍성', '열매'라는 말은 원어에 보면 전부 다 상
업용어입니다. 바울이 이런 단어를 쓴 것은 지금 빌립보교회
성도들의 헌신이 결국 영적인 투자가 되어서 분명한 하늘 상
급이 예비되어 있다는 것입니다. 우리가 헌금을 드리면 세상
적 가치 기준으로는 잔고가 줄어드는 것처럼 보입니다. 그러
나 실상은 그렇지 않게 된다는 것입니다. 세상의 이자는 쥐
꼬리만 하지만, 하나님이 부어주시는 상급 이자는 상상 초월

입니다.

> 나의 하나님이 그리스도 예수 안에서 영광 가운데 그 풍성
> 한 대로 너희 모든 쓸 것을 채우시리라 _빌립보서 4:19

하나님은 우리의 모든 쓸 것을 풍성히 채우시는 분이심을 바라보시기 바랍니다. 바울은 그 풍성한 대로 하나님께서 채워주신다고 말씀하고 있습니다. 이를 원어적으로 보면 하나님께서 가득 차게 채워주시겠다는 것을 말합니다. 사실 하나님의 부요하심의 크기는 우리가 측량할 수조차 없습니다. 전도자 D. L. 무디 목사는 이 구절을 가리켜 "그리스도인의 은행, 하나님께서 성도에게 주신 축복의 백지수표"라고 말할 정도 하나님의 풍성함을 강조했습니다. 그만큼 우리는 하나님의 풍성함을 볼 수 있어야 합니다. 하나님의 스케일을 체험하는 삶을 살아야 하는 것입니다.

사도 바울은 에베소서 3장 20절에서 "우리가 구하거나 생각하는 모든 것에 더 넘치도록 능히 하실 분이 바로 하나님이시다"라고 고백하고 있습니다. 하나님 나라를 위한 필요, 만국을 기업으로 얻게 하는 모든 필요를 하나님께서 분명히 넘

치도록 채워주실 것입니다. 우리가 할 것은 하나님의 계획에 방향을 맞춰 언약적 도전을 하는 것입니다. 그러면 여러분의 생업 현장에 복음 경제, 빛의 경제도 회복되는 것입니다.

지금 이 순간

찰스 스윈돌 목사가 쓴 「단순한 믿음」이라는 책에 이런 시가 나와 있습니다.

봄의 계절, 나는 여름을 기다렸네
그 따뜻한 햇살과 시원한 들녘을

여름의 계절, 나는 가을을 기다렸네
화려한 잎사귀들의 추락과 그 신선한 차가움을

가을의 계절, 나는 겨울을 기다렸네
아름다운 흰 눈, 그 연휴의 즐거움을

겨울의 계절, 나는 봄을 기다렸네
그 따뜻함, 그리고 그 자연의 눈부신 소생함을

어린이의 계절, 나는 성인 됨을 기다렸네
그 자유함, 그 존경스런 의젓함을

20대의 계절, 나는 30대를 기다렸네
그 성숙함, 그 화려한 변신의 때를

중년의 계절, 나는 20대를 오히려 동경했네
그 푸른 젊음과 자유의 시대를

은퇴의 계절, 나는 중년의 때를 오히려 동경했네
그 정성 어린 때, 땀을 흘려 생의 한계에 도전하던 그 시대를

그러나 이제 나의 생은 다하고 나는 결코 나의 원함을 얻지
못했다네

 많은 사람들이 현재의 삶을 누리지 못하고 과거나 미래에 잡혀 살아갑니다. 지금 이 순간을 누리지 못하는데 미래가 어떻게 행복할 수가 있겠습니까? 우리는 이런 어리석은 삶을 살지 말아야 합니다. 예수 그리스도께서 지금 여러분과 함께하고 계십니다. With, Immanuel, Oneness의 축복을 기도로 지금 바로 누리시기 바랍니다. 이 때 비로소 변화와 성장이 일어나고 영적 영향력을 입히는 응답의 자리로 나아가게 된다는 사실을 깨달아야 합니다. 이를 통해 모든 독자 여러분이 지금 이 순간부터 풍성한 기쁨의 삶을 사실적으로 맛보고 누리게 되시기를 예수 그리스도의 이름으로 축복합니다.

펴낸날	초판 1쇄 2023년 11월 15일
지은이	정은주
펴낸이	지무룡
펴낸곳	가스펠북스
기획	배성원
디자인	박혜연, DALGROO
출판등록	109-91-93560
주소	서울시 강서구 화곡로 63길 65, 101호
전화	02) 2657-9724
팩스	02) 2657-9719
홈페이지	www.iyewon.org
값	15,000원
ISBN	979-11-981688-4-9(03230)